Ti spiego i social network

Virginia Perini
TI SPIEGO I SOCIAL NETWORK
Guida per capire Facebook, Instagram, LinkedIn e altri

1ª Edizione aprile 2022

Coordinamento editoriale: **Angelo Pastrello**
Grafica e impaginazione: **Linda Simionato**

Le immagini delle schermate sono state elaborate dagli screenshot di un cellulare Huawei P10.

ISBN: 978-88-6643-837-3

Via A. Dal Legname 8, 31100 Treviso (TV)
Visita il nostro sito: www.editorialeprogramma.it
Scrivici a: manoscritto@editorialeprogramma.it
Seguici su @Editoriale.Programma
@ed.programma

Virginia Perini

Ti spiego i social network

Guida per capire Fecebook, Instagram, LinkedIn e altri

editoriale Programma

Indice

Introduzione

“Un social network è un servizio informatico on line che consente di creare reti sociali virtuali dove gli utenti registrati possono comunicare tra loro.

Piattaforme web di questo genere permettono la **circolazione di informazioni** (contenuti testuali, immagini, video e audio) attraverso i *post*, messaggi che possono essere letti, commentati e condivisi da più persone.

Oltre a rappresentare nella nostra giornata uno strumento per chiacchierare, conoscere o scoprire cose nuove, social network come Facebook, Instagram, Twitter e via dicendo garantiscono in qualche modo che la vita del web continui a pulsare. Il dibattito tra “favorevoli” e “contrari” in questo mondo virtuale, che si alimenta parallelamente alle nostre vite, è sempre aperto, con tante criticità che trovano terreno di discussione in ambito storico, sociale e filosofico, andando a toccare concetti importanti come quello di libertà o democrazia. Non è però questo libro la sede per affrontare queste tematiche, seppur interessanti. In queste pagine si vuole offrire una guida semplice e chiara di come si possano usare i social network da un cellulare di nuova generazione e rimanere "attivi" in una società che ormai prevede il loro utilizzo in ogni contesto, personale o professionale. Sono raccolte, insomma, diverse informazioni per orientarsi, capire e muoversi nell'orizzonte delle nuove generazioni: per non restarne fuori, per non essere "out" e scoprire, alla fine, che è tutto un po' più semplice del previsto.

Social e terza età: opposti che si attraggono

Per chi si appresta a leggere o utilizzare questa piccola guida alla scoperta del mondo virtuale, potrebbe essere interessante conoscere qualche dato. Secondo il Rapporto sulla comunicazione del CENSIS nel nostro Paese si registra una distanza abissale tra giovani e anziani sul tema "social network". Se tra gli under 30 più del 90% è attivo, tra gli over 65 le stime si fermano al 42%, solo il 35% attraverso smartphone. Il 70,7% degli under 30 è iscritto a Facebook contro il 20,9% degli over 65; il 72,5% dei giovani usa YouTube, il 19,9% degli ultra 65enni. Instagram, il social delle foto, attrae un giovane su quattro (26,1%), mentre ad usarlo è appena l'1,3% degli over 65. Il 24% dei giovani usa Twitter, come fa soltanto il 2,6% degli anziani. Le distanze si accorciano per Linkedin, il social network dedicato al mondo del lavoro, utilizzato dal 6,8% degli under 30 e dal 2,0% degli ultra 65enni. Nello studio, condotto su un campione di 32.000 anziani europei, l'applicazione social di gran lunga più utilizzata dagli over 65 è WhatsApp (52% del tempo totale passato sullo smartphone), che sembra superare le differenze generazionali. Gli ottantenni e ultraottantenni invece sono "fuori" dalla rivoluzione digitale.

*** Un altro dato interessante è che proprio la fascia di età compresa tra i 55 e i 74 anni è quella che risulta in costante aumento nell'uso di Internet e dei social network, basti pensare che dal 2006 a oggi è cresciuta di ben oltre il 40%.**

Social per tutti i gusti

Navigando nel web è facile trovare la piattaforma social che più fa al nostro caso a seconda delle necessità del momento: voglio chiedere un parere, uso Facebook o Twitter; devo capire come cucinare una ricetta, uso YouTube; voglio raccogliere e mostrare le mie foto, uso Instagram; voglio farmi conoscere in ambito professionale, uso LinkedIn; voglio tenermi in contatto con amici e parenti, uso WhatsApp... solo per citarne alcuni e senza approfondire tutte le loro funzioni!

Tra i molti social network a nostra disposizione, in questa pubblicazione abbiamo scelto di approfondire quelli che possono essere considerati i più popolari, grazie alla loro utilità e diffusione: **Facebook**, **Instagram**, **Twitter** e **LinkedIn**. Tralasceremo invece social altrettanto pratici come WhatsApp e Youtube, in quanto il loro funzionamento è già stato spiegato nel volume *Ti spiego lo smartphone*, altra utile guida per chi vuole conoscere meglio il cellulare e le sue principali applicazioni.

Come accennavamo, esistono un'infinità di altri social indirizzati a vari scopi, dei quali potreste aver sentito parlare e che è giusto conoscere: nei prossimi paragrafi ve ne presentiamo alcuni divisi per categorie funzionali.

Messaggistica

WhatsApp: Si tratta di un'app pensata proprio per lo smartphone, per permettere alle persone di scambiarsi informazioni rapide con altrettanto rapidi messaggi o, in certi casi, di chiacchierare, ma senza "l'impegno" che comporta la telefonata tradizionale. Permette di inviare messaggi scritti o vocali, foto, video, effettuare chiamate, videochiamate (anche multiple) appoggiandosi semplicemente alla rete internet.
WhatsApp si scarica dal Play Store gratuitamente (la sua icona è rappresentata da una cornetta bianca all'interno di un fumetto su sfondo verde).

Snapchat: Anche quest'applicazione, come WhatsApp, permette agli utenti di creare e inviare messaggi di testo, foto e video, ma con una particolarità: dopo che il ricevente ha visualizzato una singola volta il video, esso scompare. Da qui il nome "snap" (veloce) e l'icona con il simbolo del "fantasmino.

Telegram: Molto apprezzato come alternativa a WhatsApp, si tratta di un social che permette di scambiare messaggi, vocali, videomessaggi, chiamate e videochiamate, fotografie, video, sticker e file di qualsiasi tipo tra singoli utenti o gruppi. Attraverso i canali, inoltre, è possibile trasmettere in diretta testi e video. Con Telegram c'è anche la possibilità di iniziare una chat segreta, con le stesse funzionalità di una normale, senza però che venga mai mostrato il nostro numero di telefono: Telegram lo nasconde a chi non ne è in possesso.
Per usare Telegram è necessario installare l'applicazione sul proprio cellulare (l'icona è rappresentata da un aereo di carta su uno sfondo azzurro).

Video

YouTube: È una piattaforma on line che consente la condivisione e la visualizzazione di video di diverso genere, come trailer, canzoni, film, notizie, spiegazioni varie che forniscono indicazioni su "come fare qualcosa"... Gli utenti possono anche interagire con i video votandoli, commentandoli, aggiungendoli ai preferiti e, in alcuni casi, segnalandoli.
Accedere a YouTube è molto semplice. Possiamo cercarlo in qualsiasi motore di ricerca e usarlo senza avere un account. Se siamo con il cellulare è consigliabile, però, utilizzare l'applicazione omonima, presente già all'interno del nostro smartphone Android e contraddistinta da una freccia bianca su sfondo rosso.

TikTok: Il più scaricato del mondo, nonché l'app social più amata dai giovani, è Tik Tok. Si tratta di un social network che permette ai suoi utenti di realizzare video divertenti e creativi di breve durata che spaziano da un tema all'altro: coreografie, ricette, scene recitate, consigli di viaggio... mostrando così i propri talenti e le proprie passioni. Come Facebook e Instagram permette agli iscritti di costruirsi un seguito, avere persone con cui interagire, essere apprezzati (con il classico cuoricino per il "mi piace").
Per usare TikTok dobbiamo scaricare l'applicazione sullo smartphone (l'icona è un neon colorato a forma di nota musicale su sfondo nero). TikTok funziona di default con account pubblici, ovvero tutto ciò che viene pubblicato sulla piattaforma (se non indicato diversamente dopo essersi registrati) sarà visibile a chiunque, fatta eccezione per gli under 16, i cui account sono protetti.

Twich: È una piattaforma di livestreaming di proprietà di Amazon dove è possibile trasmettere video in diretta. L'applicazione è nata in particolare per consentire di assistere a sessioni di gioco fatte da gamer professionisti o amatoriali e di interagire tra utenti in tempo reale. Ma oggi i contenuti sono molto più vari, in quanto vengono trasmessi anche comizi, interviste e approfondimenti.
Per accedere all'applicazione bisogna scaricarla e installarla sul proprio dispositivo. Nel Play Store l'icona è un fumetto bianco su sfondo viola.

Foto

Pinterest: Pinterest è il più atipico dei social network. Non si tratta, infatti, di una piattaforma nata per interagire, quanto piuttosto di una sorta di vetrina virtuale fatta per raccogliere e mostrare "immagini". Si possono così creare vere e proprie lavagne virtuali a tema ("board") in base ai nostri interessi, permettendo agli altri utenti di visionarle. "Pinnare" significa proprio appuntare virtualmente fotografie, tutorial, infografiche e videoricette e tanti altri contenuti che possono essere fonte di ispirazione per viaggi, moda e vita quotidiana.
Per usare Pinterest è possibile scaricare l'applicazione (l'icona è una "P" bianca su sfondo rosso) e creare un proprio account, tramite il quale sarà possibile visionare le immagini già presenti sulla piattaforma, salvarle e organizzarle in "bacheche" oppure caricarne di proprie.

Notizie

Reddit: È una piattaforma web di social news, intrattenimento e forum, dove gli utenti registrati possono pubblicare contenuti sotto forma di post testuali o link. I contenuti sono organizzati secondo categorie (istruzione, intrattenimento, discussioni, humor, condivisione immagini, tecnologia...), così da facilitare la ricerca delle notizie.
Per utilizzare Reddit è necessario scaricare gratuitamente l'app (icona arancione con una specie di alieno) e registrarsi creando un proprio account.

Twitter: Concepito come una piattaforma con la quale condividere brevi pensieri con altri utenti, questo social network si è presto rivelato come una "piazza" dove circolano notizie e si affrontano dibattiti strettamente legati all'attualità o ad ambiti precisi, dallo sport alla cucina, dalla politica alla musica. Viene infatti descritto come il canale della notizia veloce, perfetto per chi vuole informarsi e restare informato!
Un "tweet" è un messaggio che può contenere un massimo di 280 caratteri, a cui si possono aggiungere una foto, un video, un link o una gif. Il nome particolare di questo social deriva dal verbo inglese *to tweet* che significa "cinguettare": il social network consente di inviare brevi messaggi che suonano come "cinguettii". Ecco perché il simbolo di Twitter è un uccellino azzurro.
La filosofia alla base di questo social non propone "amicizia" tra utenti, bensì la circolazione di informazioni e notizie, generandovi intorno un dibattito. Possiamo, così, rimanere aggiornati seguendo anche i profili di giornali (che spesso utilizzano questo social per riportare in maniera sintetica le notizie più fresche), istituzioni, enti, associazioni, personaggi politici o sportivi.

Incontri

Tinder: È un'app di "dating", ovvero di incontri online, utile a conoscere persone ed, eventualmente, vedersi ad un appuntamento (in inglese *date*). Può rivelarsi perfetta per chi cerca l'amore, una frequentazione o solo una bella... chiacchierata. Ma anche per chi si trova in un posto nuovo e vuole fare conoscenza. È molto apprezzata dalle persone single o da quelle che hanno difficoltà a fare nuovi incontri.
Si usa facilmente con lo smartphone: dopo aver inserito i propri dati e le proprie caratteristiche nell'account personale, completandolo anche con alcune foto (non necessario, ma consigliato), l'app ci propone i potenziali partner, anche loro iscritti al sito. I vari profili possono essere visualizzati e poi selezionati tramite il cosiddetto "*swipe*" (scorrimento del dito sullo schermo): a destra per apprezzare, a sinistra per bocciare. Nel caso in cui entrambe le controparti avessero promosso a vicenda i profili, sullo schermo comparirà la scritta "*It's a match!*" (c'è un riscontro!) e sarà possibile scambiarsi messaggi e videochiamate in un apposito spazio di chat istantanea, iniziando così a conoscersi meglio.
Sul Play Store l'icona di Tinder è caratterizzata da una fiammella; l'applicazione è gratuita, ma è possibile sottoscrivere un abbonamento a pagamento per accedere a più servizi.

*** Attenzione: la piattaforma social Facebook offre diversi servizi ai suoi utenti per interagire tra loro a seconda di esigenze diverse: "Messenger" per messaggiare, "Dating" come app di incontri, "Marketplace" per vendere e comprare oggetti usati (→ vedere pagina 54).**

Parla come navighi

Ecco una serie di vocaboli utili per orientarsi tra i social.

- **Amici:** Sono tutte le persone con cui decidiamo (inviando o accettando la richiesta di amicizia) di interagire su Facebook. Di solito si tratta di utenti che si conoscevano al di fuori del sito, ma non solo.
- **Follower:** Dall'inglese "seguace", si tratta degli utenti di Instagram e Twitter che decidono di seguire una determinata pagina o persona per interessi di vario genere.
- **Hashtag:** Questa parola è composta dai termini anglosassoni *hash*, che indica il simbolo del cancelletto "#", e *tag*, che possiamo tradurre come "etichetta"; la sua funzione è appunto quella di etichettare, raggruppare i contenuti, gli argomenti o i temi presenti su internet per renderli più facilmente rintracciabili.
- **Like:** Il "Like" è nato per permettere agli utenti di interagire con un reazione di gradimento a un contenuto pubblicato. Su Facebook è rappresentato dall'icona di una manina con il pollice in su oppure da un cuore (Twitter).
- **Tag:** Un "Tag" ("etichetta" in inglese) è una parola chiave o un nome che vengono associati a un contenuto (un'immagine, una mappa geografica, un post, un video...), per fornirne ulteriori informazioni e rendere possibile la sua classificazione per tematica, semplificandone pertanto la ricerca.
- **Post:** Dal verbo inglese *to post* (italianizzato in "postare"), che significa "inviare", "pubblicare". Con "Post" s'intende la pubblicazione di un testo, una foto, un link o qualsiasi contenuto informativo sui vari social network.

1.

Facebook

“La grandezza di una comunità va di pari passo con la compassione mostrata dai suoi membri

Coretta Scott King

Nato nel 2004 dall’idea di **Mark Zuckerberg**, Facebook è il social network più famoso e popolare al mondo. Si tratta di una sorta di “piattaforma sociale” , ovvero una specie di grande, immensa piazza dove “virtualmente” s’incontrano, si conoscono, si ritrovano, conversano o discutono e si scambiano informazioni e idee miliardi di persone. Pian piano gli sconosciuti entrano in relazione.

Nato come servizio per trovare amici, colleghi, vecchi compagni di scuola e restare in contatto con loro, oggi è un mezzo potente che permette di svolgere innumerevoli attività. Con Facebook è possibile pubblicare post personali, inviare messaggi di posta, discutere pubblicamente nei gruppi con altre persone, chattare in privato con gli amici, condividere foto e video, seguire aggiornamenti e news dal mondo, creare pagine e gruppi di discussione.

È completamente gratuito e chiunque si può iscrivere. Oltre ad essere un servizio utile per le persone e le famiglie, Facebook è ormai anche un fondamentale strumento di marketing per attività e imprese!

Cosa dice la legge

Sui social network non è possibile pubblicare tutto.
Secondo la legge (ma anche secondo il buon senso)
è proibito, con l'utilizzo di immagini e parole, ledere:

- **Autenticità:** non è possibile, per esempio, creare profili falsi. In caso di segnalazione, gli amministratori possono richiedere all'utente di fornire una copia fotostatica dei documenti e decidere di chiudere l'account in caso venga appurata la natura non autentica del profilo;
- **Sicurezza:** i creatori del social network vogliono che tutti si sentano al sicuro quando navigano sulla Home page e quando esprimono i propri pensieri. Pertanto, gran parte degli atteggiamenti ostili sono soggetti a moderazione;
- **Privacy:** la protezione dei dati sensibili è fondamentale per vivere l'esperienza di Facebook in modo tranquillo e sereno. Questo significa che qualsiasi violazione della privacy altrui è passibile di misure di controllo;
- **Dignità:** lo abbiamo lasciato per ultimo, ma è in realtà la pietra fondativa di tutti i rapporti virtuali – e reali, si spera – dell'epoca dei social network; siamo tutti uguali e abbiamo pari diritti e doveri.

Creare l'account

Dopo aver scaricato l'applicazione di Facebook per Android dal Play Store, è necessario effettuare la propria registrazione, una sorta di "presentazione" per entrare a far parte del cosiddetto "popolo di Facebook".

Una volta avviata l'app, tocchiamo "Crea un nuovo account Facebook". Proseguiamo premendo "Avanti", dopodiché compiliamo i campi "Nome" e "Cognome". Per continuare tocchiamo "Avanti", mettiamo la data di nascita e premiamo nuovamente il tasto per proseguire. A questo punto va indicato se siamo "Uomo" o "Donna" e successivamente si può inserire il numero di cellulare (non obbligatorio). Chi non volesse mettere il numero di cellulare, può selezionare l'opzione "Iscriviti con l'indirizzo email".

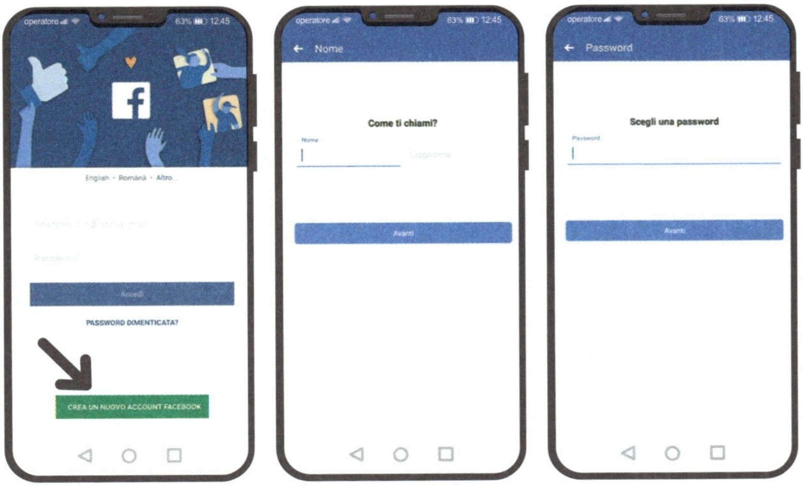

Eccoci così arrivati al momento di scegliere la password. In questo campo di testo sarà richiesta una combinazione di almeno 6 caratteri con lettere, numeri e punteggiatura.

Una volta compilati tutti i dati previsti per la registrazione, tocchiamo "Iscriviti".

Immediatamente verrà richiesta la sottoscrizione delle condizioni di utilizzo e della normativa sulla privacy oltre che quella sui cookie; per acconsentire va selezionato "Accetto", in modo da terminare la configurazione e iniziare a usare Facebook!

* **Ricorda: Per iscriversi e usare Facebook bisogna avere almeno 16 anni.**

Profilo personale

Nelle regole di utilizzo fornite da Facebook si legge:

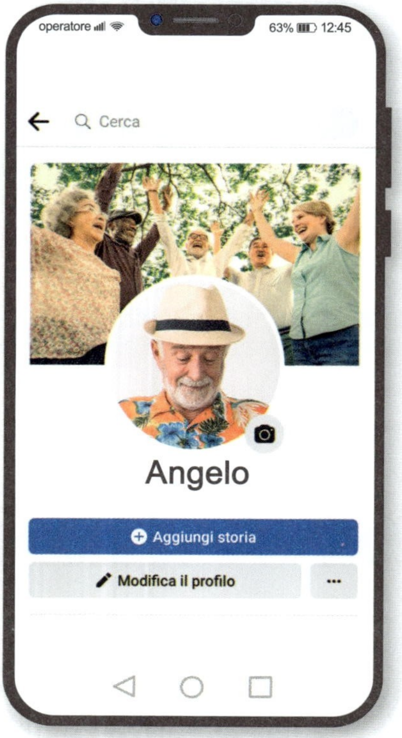

"Il tuo profilo racconta la tua storia. Puoi scegliere cosa condividere, come gli interessi, le foto e le informazioni personali come la città natale, e con chi condividerlo. Il tuo profilo include anche il diario, in cui puoi vedere i tuoi post e quelli in cui sei stato taggato. Le impostazioni su Diario e l'aggiunta di tag ti consentiranno di gestire i tag e controllare chi può aggiungere e vedere contenuti sul tuo diario".

Il **diario**, dunque, è l'altro nome con cui si indica il profilo personale: una sorta di vetrina in cui "esponiamo" noi stessi, i nostri interessi e le nostre opinioni (→ **vedere pagina 26 per approfondire**).

Altri tipi di profilo

Su Facebook è possibile creare anche altri tipi di "profilo" oltre a quello personale:

- **Le pagine pubbliche:** sono profili che rimandano ad artisti, aziende, brand, organizzazioni e associazioni, insomma relativi a personaggi ed enti pubblici più o meno conosciuti. Dietro a queste pagine possono esserci più persone che gestiscono i contenuti, chiamati per l'appunto "amministratori". Al loro interno possiamo trovare informazioni aggiornate sul personaggio o brand di riferimento, che in questo modo garantisce un contatto con fan o clienti.

→ **Se vogliamo ricevere sempre nuove notizie, basterà schiacciare il tasto "Segui" o "Mi piace" e sulla nostra "Bacheca" appariranno tutti i post che la pagina condivide.**

- **I gruppi:** sono pagine in cui diversi utenti si riuniscono sotto un interesse comune; una specie di community all'interno della community di Facebook. In queste pagine è possibile interagire in maniera molto diretta con altri profili, condividere informazioni e scambiarsi consigli su determinati argomenti.

→ **Se vogliamo rimanere aggiornati sui contenuti condivisi nei vari gruppi, basterà schiacciare il tasto "Iscriviti al gruppo" e sulla nostra "Bacheca" appariranno tutti i post pubblicati.**

* **Attenzione: Per creare questo tipo di pagine è necessario comunque possedere un profilo personale!**

Netiquette: il galateo su Facebook

Con questo termine si intende l'insieme delle regole di comportamento che, secondo il buon senso, qualsiasi utente dovrebbe rispettare utilizzando i social network. Ecco di seguito **10 norme** che tutti dovremmo seguire:

1. Non dobbiamo violare il copyright dei contenuti fruibili in rete;
2. Se condividiamo una risorsa, è sempre bene esplicitare la fonte da cui abbiano preso il materiale;
3. Evitiamo di condividere spam e verifichiamo l'attendibilità di una fonte per evitare di promuovere fake news;
4. Chiediamo il permesso di condividere foto o materiale in cui sono presenti anche altre persone;
5. Non utilizziamo parolacce, bestemmie o termini che potrebbero offendere qualcuno;
6. Evitiamo qualsiasi forma di discriminazione e bullismo digitale. Ricordiamo che possiamo commettere il reato di diffamazione;
7. Leggiamo attentamente prima di commentare o fare domande di cui si può apprendere la risposta previa una lettura accurata;
8. Dimostriamoci aperti al dialogo e sempre educati, non diventiamo un cosiddetto "leone da tastiera";
9. Non alimentiamo le polemiche: se in rete c'è qualcuno che provoca, evitiamolo.
10. Evitiamo di scrivere utilizzando solo le maiuscole perché può essere percepito come una comunicazione aggressiva: in rete significa urlare in faccia.

Le sezioni

Abbiamo appena visto come creare un account su Facebook; adesso siamo pronti ad esplorare le sue principali funzionalità. Innanzitutto cominciamo col dire che l'interfaccia di Facebook offre diverse finestre di dialogo, delle vere e proprie sezioni tematiche dedicate a diversi scopi. Abbiamo già citato il "Diario" (→ **vedere pagina 20**), ma ce ne sono tante altre.

Tutte le sezioni possono essere raggiunte rapidamente grazie alla cosiddetta **"Barra dei collegamenti rapidi"** collocata nella parte superiore dello schermo. Cliccando sopra una delle icone apriremo la finestra di collegamento dedicata.

Tra le sezioni, quelle principali e più utili da attivare nella barra rapida sono:

Menu: per accedere alle nostre pagine e alle "Impostazioni".

Diario: la sezione del nostro profilo personale.

News feed: o "Bacheca" la sezione dedicata alle notizie.

Notifiche: la sezione dove appaiono tutti gli avvisi.

Amici: la sezione dedicata dove controllare le richieste di amicizia.

Gruppi: la sezione in cui possiamo accedere e gestire i gruppi a cui siamo iscritti.

* **Ricorda: Possiamo personalizzare le sezioni in evidenza sulla barra in alto accedendo a "Menu" (☰) → "Impostazioni e privacy" (⚙) → "Collegamenti rapidi" in "Preferenze" → "Barra dei collegamenti rapidi" e attivare o disattivare quelle che preferiamo. Tra le altre ci sono "Marketplace" (🏪), "Watch" (▶) e "Dating" (♡) (→ vedere pagina 54).**

Menu e impostazioni

Prima di esplorare tutte le azioni che possiamo svolgere su Facebook, è bene soffermarci un attimo su una sezione del nostro profilo molto utile: il "Menu".

Per accederci basta schiacciare l'icona raffigurante 3 linee orizzontali, di solito posizionata sulla barra in alto.

Scorrendo questa pagina sarà possibile accedere e tenere sotto controllo le diverse possibilità che ci offre un profilo Facebook.

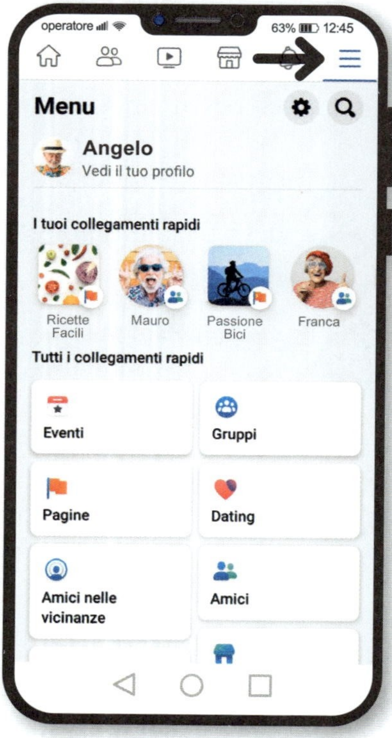

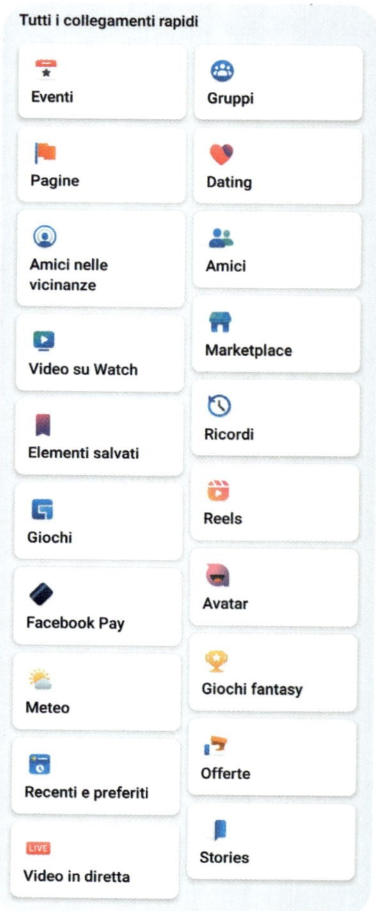

Ecco qui accanto tutti i "Collegamenti rapidi". Cliccandoci sopra accederemo alla pagina interessata.

Inoltre, in alto a sinistra possiamo vedere l'immagine del nostro profilo; premendoci sopra accediamo al nostro "Diario". Poco sotto, invece compaiono i profili che abbiamo ricercato di recente e che così possiamo raggiungere con un semplice click!

Scorrendo con il dito verso il basso, raggiungiamo un'altra serie di tasti utili alla gestione del nostro account. In particolare **"Impostazioni e privacy"** ci permette di personalizzare alcune preferenze relative alle nostre informazioni personali, alla protezione del nostro profilo, alle autorizzazioni e così via.

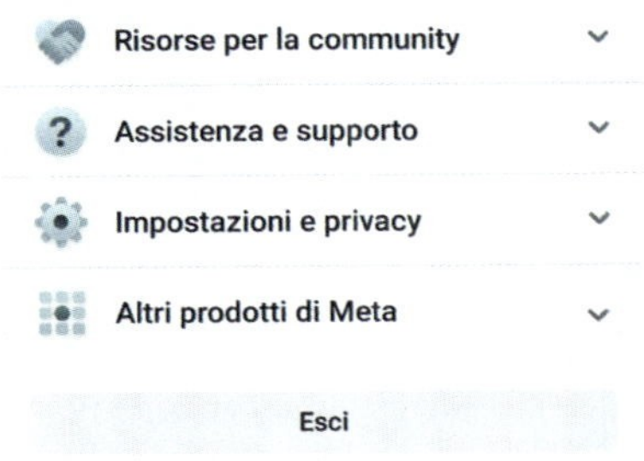

Cliccando il tasto "Esci" sarà possibile disconnettersi dal proprio account.

Per accedere rapidamente a questa sezione si può anche toccare l'icona con l'ingranaggio in alto a destra quando apriamo il "Menu".

Le opzioni che ci fornisce Facebook sono davvero numerose. Il modo migliore per imparare ad usarle è aprire i vari collegamenti e vedere cosa ci offrono. Ma facciamo sempre attenzione, in particolare quando vogliamo modificare impostazioni di sicurezza come la password.

Diario (Profilo personale)

Come già annunciato (→ **vedere pagina 20**), il "Diario" è la sezione di Facebook dove poter condividere il nostro profilo personale: farci conoscere agli altri utenti mostrando le nostre foto, fornendo nostre informazioni, scrivendo i nostri pensieri e le nostre opinioni...

Per accedere al "Diario" abbiamo diverse possibilità: cliccare l'icona dedicata nella barra in alto, oppure premere sopra alla nostra foto che compare in alto a sinistra quando avviamo l'applicazione o all'interno del "Menu".

Cerchiamo ora di capire meglio tutte le parti in cui è suddivisa questa sezione e le loro funzioni.

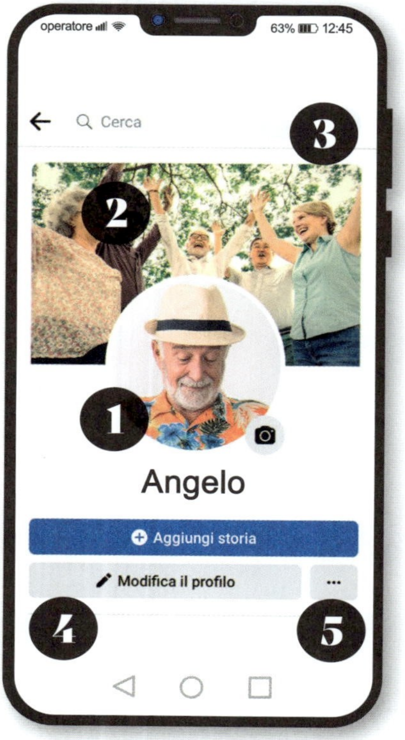

1. **Foto profilo:** È l'immagine che impostiamo per farci riconoscere sui social (non solo su Facebook); può essere considerata un vero e proprio biglietto da visita, perciò è importante valutare bene la sua scelta.
2. **Foto di copertina:** È l'immagine di maggiori dimensioni che fa da sfondo al nostro profilo.
3. **Cerca:** questo strumento ci permette di cercare profili e pagine su Facebook.
4. **Modifica il profilo:** è il tasto che ci permette si accedere alla sezione dedicata alla personalizza-

zione delle informazioni del nostro profilo, dalla "Foto profilo" all'"Immagine di copertina", dalla nostra "Biografia" ad altri "Dettagli" personali.

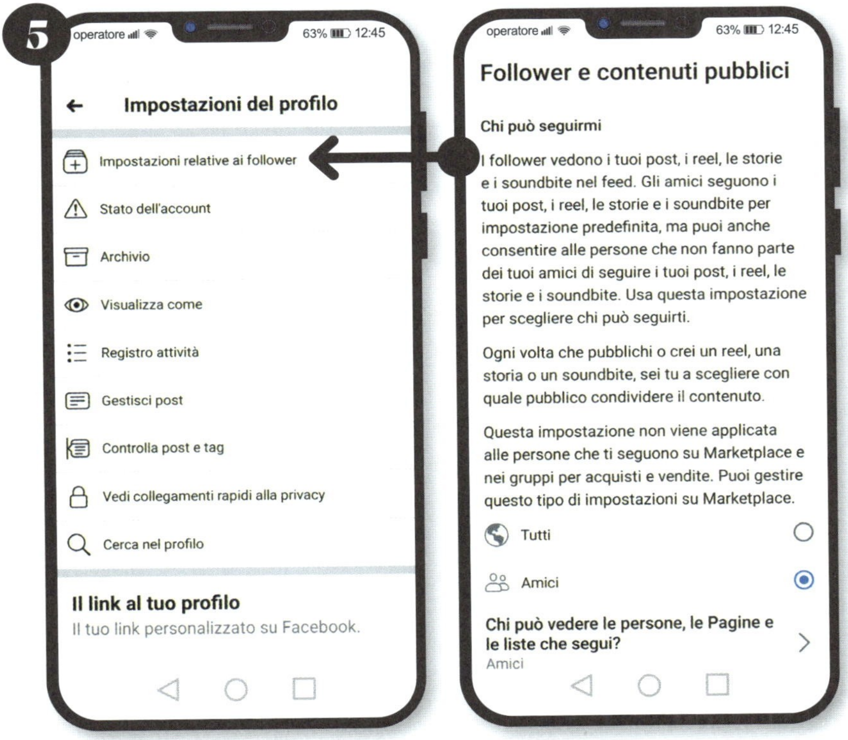

5. **Impostazioni del profilo:** Un simbolo con tre puntini rappresenta l'accesso alla sezione dove è possibile tenere sotto controllo alcune impostazioni relative alla sicurezza e alla privacy del nostro profilo. Soffermiamoci ancora su questa pagina, in particolare sulle opzioni presenti all'interno di **"Impostazioni relative ai follower"**. Qui dentro è possibile gestire una serie di preferenze su chi può visualizzare e interagire con i contenuti che pubblichiamo sul nostro profilo. Le scelte possibili sono 3: "Tutti", anche chi non è nostro "amico" vedrà i nostri post; "Amici di amici", solo la rete dei nostri "amici" e quelli legate ai loro profili potranno vedere i nostri post; "Amici", solo a chi accettiamo l'amicizia potrà vedere i nostri post.

Scendendo nella pagina, sotto alle immagini del profilo troviamo una parte dedicata alle informazioni che vogliamo condividere (non obbligatorie) circa a "Lavoro", "Istruzione", "luoghi in cui abbiamo vissuto", "informazioni di contatto" (link su altri siti e indirizzo e-mail), "Informazioni di base" (data di nascita, genere, lingue parlate...), se ci sono profili di persone nostre "Familiari" e atri interessi che possono essere utili a farci conoscere meglio (orientamento sessuale, religioso, politico, sport che ci piacciono, libri che abbiamo letto, film e programmi tv che abbiamo visto...).

Attenzione: per gestire e modificare queste informazioni clicchiamo su "Vedi le tue informazioni".

"About me"

È una piccola raccolta di immagini che possiamo personalizzare sempre con l'intento di farci conoscere meglio. Possiamo creare più album con fotografie differenti cliccando su "Nuova" e selezionando le foto tra quelle già caricate o presenti all'interno della "Galleria" del nostro cellulare.

Poco sotto alle nostre informazioni troviamo la sezione dedicata ai nostri **"Amici"** su Fecebbok, ovvero a tutte le persone che seguiamo e a loro volta ci seguono (*Follower*).

1. Cliccando su "Vedi tutti gli amici" comparirà la lista in ordine alfabetico dei vari profili. Toccando le loro immagini potremo visitare il loro "Diario".

2. Premendo i "3 puntini" comparirà un breve menu con delle preferenze di gestione, tra cui l'opzione di rimozione dagli "Amici".

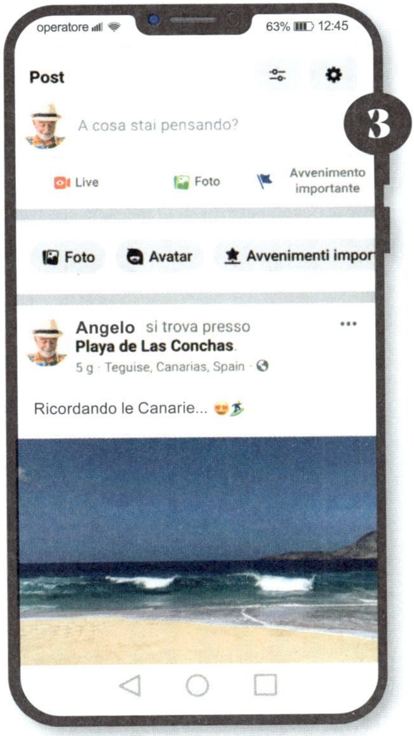

3. Continuando a scorrere verso il basso, incontriamo finalmente la parte del "Diario" dedicata alla pubblicazione dei **post**.

Qui compariranno in sequenza, uno sotto l'altro e in ordine cronologico (dal più recente), tutti i contenuti da noi pubblicati.

✱ **Per approfondire come "Pubblicare un post" vedere pagina 41).**

Foto e album

Forse non molto evidente, tra lo spazio riservato alla pubblicazione di nuovi post e la sequenza dei contenuti già postati, compaiono una serie di tasti. Tra questi quello con scritto **"Foto"** ci permette di accedere alla sezione dedicata alle foto che carichiamo su Facebook. In alto troviamo tre categorie:

- **Foto in cui ci sei tu:** È la raccolta delle foto in cui siamo presenti, disposte in ordine cronologico dall'immagine più recente.
- **Caricamenti:** È la raccolta di tutte le immagini che abbiamo caricato sul nostro profilo, disposte sempre in ordine cronologico.
- **Album:** raccoglie sempre le foto che abbiamo caricato sul social network, ma suddivise in album di nostra creazione. Qui possiamo decidere di pubblicare una serie di fotografie e raccoglierle nella stessa cartella per tema.

✱ **Per approfondire come "Creare un album fotografico" vedere pagina 48).**

News feed (Sezione Notizie)

La cosiddetta "Homepage" di Facebook (*home* in inglese significa "casa", ecco perché il simbolo) è conosciuta anche come "News feed", ovvero la "Sezione Notizie".

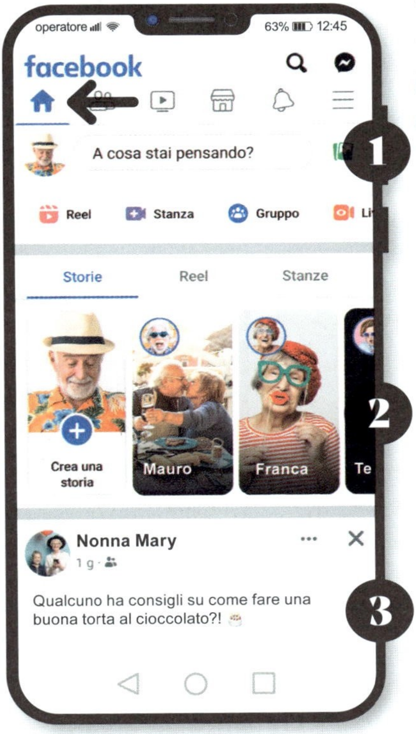

Qui vengono presentati in sequenza tutti i post e le notizie pubblicati dai profili e dalle pagine che seguiamo; una raccolta di foto, video, link e comunicazioni che possiamo aggiornare in continuazione appoggiando il dito sullo schermo e trascinandolo verso il basso.

1. Subito in alto abbiamo la possibilità di pubblicare un nostro post (→ **vedere pagina 41**);
2. Subito sotto c'è la parte dedicata alle "Storie" e ad altri tipi di video (→ **vedere pagina 51**);
3. Infine inizia la vera "Sezione Notizie" con i vari post.

Ricorda: Per accedere alle impostazioni della sezione "Notizie" e personalizzarle (cioè comunicare a Facebook le nostre preferenze) dobbiamo toccare l'icona del "Menu" (→ vedere pagina 24 per approfondire) → "Impostazioni e privacy" (⚙) → ed infine impostare le varie opzioni in "Sezione Notizie" e in "Preferenze relative alle inserzioni".

Ecco alcuni tipi di post che possiamo visualizzare nella nostra “Bacheca” (→ **vedere pagina 41 per approfondire i post**).

- **Post semplice:** Un profilo (pubblico o privato) pubblica un pensiero che può anche essere accompagnato da una foto o un video.

- **Post con link:** Quando viene condiviso un collegamento ad un altro sito web, per esempio una pagina di notizie.

- **Post con evento:** è un post con un collegamento che rimanda ad una pagina creata apposta per pubblicizzare un evento (un concerto, uno spettacolo teatrale, una festa...).

Il pallino verde

Se la foto profilo presenta un piccolo cerchio verde in basso a destra significa che quell’utente sta usando Facebook in quel preciso momento e pertanto sarebbe possibile contattarlo con facilità, per esempio via chat (→ **vedere pagina 54 per approfondire “Messenger”**).

Notifiche

Le notifiche sono degli avvisi generati da Facebook per tenerci aggiornati sugli sviluppi che avvengono all'interno del social network. In poche parole, Facebook ci comunica le attività dei nostri amici e delle pagine o dei gruppi che seguiamo.

Queste comunicazioni compaiono in ordine cronologico (dal più recente) all'interno della sezione contraddistinta dall'icona con una campanella. Cliccando sopra all'avviso viene aperta la pagina collegata.

Le tipologie di notifiche sono diverse; per facilitarci la loro identificazione, nella foto profilo dell'utente a cui è legato l'aggiornamento compare un piccolo simbolo in basso a destra. Vediamo le icone più frequenti:

Hanno messo "Mi piace" a un nostro post.

Hanno commentato un nostro post.

Hanno pubblicato o commentato un post.

Ci hanno invitato a un evento.

è il compleanno di un nostro amico.

Hanno pubblicato qualcosa in un gruppo.

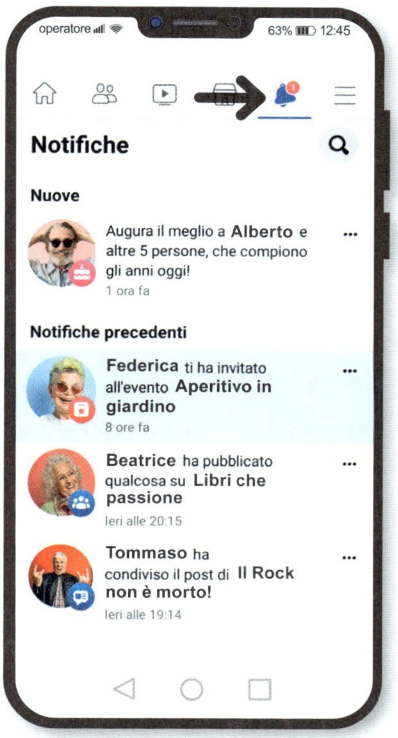

Se ci sono nuove notifiche, sopra alla "campanella" apparirà un cerchio rosso con un numero che indica la loro quantità. Inoltre gli avvisi che non abbiamo ancora aperto e visualizzato saranno evidenziati da uno sfondo azzurro.

Amici

Questa sezione è interamente dedicata alla gestione dei profili cosiddetti "Amici". Cliccando l'icona nella barra in alto, la prima finestra che compare presenta diversi elementi:

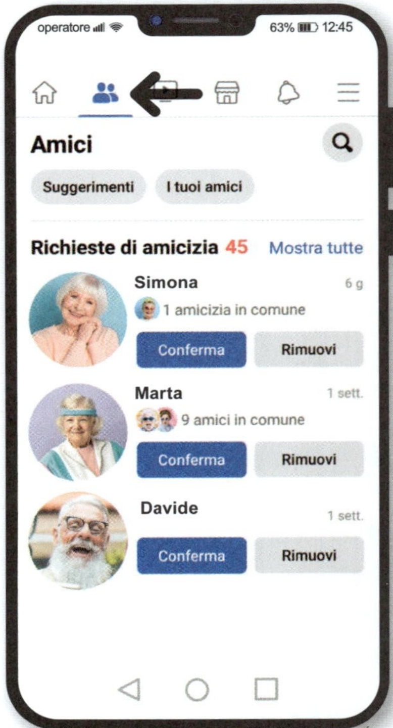

1. In alto troviamo due tasti: **"Suggerimenti"** apre una lista di profili a cui potremmo chiedere l'amicizia, in quanto già "amici di amici" e per questo nostri potenziali conoscenti; cliccando **"I tuoi amici"**, invece, visualizzeremo l'elenco degli account che già seguiamo, potendo così gestire ogni singolo utente (→ **vedere pagina 29 per approfondire**).

2. Sotto compare la vera e propria lista delle **"Richieste di amicizia"**, ovvero gli account che vorrebbero collegarsi con il nostro profilo.
   Il numero in rosso identifica la quantità di richieste che abbiamo accumulato, mentre se accediamo a "Mostra tutte" possiamo anche ordinarle secondo diversi criteri.

Ricorda: su Facebook è sempre necessario autorizzare un altro profilo a seguire il nostro come "Amico", e viceversa (anche noi dobbiamo essere accettati se chiediamo l'amicizia a qualcuno).

In ogni richiesta possiamo ritrovare una serie di informazioni che ci permetteranno di decidere se accettare o meno l'amicizia di un determinato profilo.

Oltre al nome e all'immagine, Facebook ci comunica anche le amicizie in comune, permettendoci di inquadrare meglio la persona. Inoltre cliccando sopra ad ogni richiesta, potremo visitare il suo profilo personale.

Premendo il tasto blu "Conferma" accettiamo la richiesta; premendo "Rimuovi", invece, rifiutiamo.

Attenzione: → **Per approfondire "La richiesta di amicizia" vedere pagina 38).**

Eliminare l'account

Se Facebook non fa per noi e non lo utilizziamo, possiamo chiudere il nostro profilo evitando di lasciare inutilmente in Rete informazioni che ci riguardano.

Come si fa? Avviamo Facebook (come abbiamo visto si apre la **"Homepage"** o **"News feed"**) → entriamo nella sezione **"Menu"** → tocchiamo **"Impostazioni e privacy"** o ⚙ → **"Informazioni personali e dell'account"** → **"Proprietà e controllo dell'account"** → **"Disattivazione ed eliminazione"**. Qui possiamo decidere se disattivare temporaneamente il nostro account o se eliminarlo definitivamente.

Il "Contatto erede"

All'interno di "Proprietà e controllo dell'account" è possibile decidere cosa fare del nostro account dopo la nostra scomparsa. Possiamo scegliere di eliminarlo oppure di farlo gestire a un "Contatto erede".

Cosa possiamo fare?

Nei pagine precedenti abbiamo capito come è strutturata l'applicazione di Facebook per lo smartphone, con tutte le sue sezioni e funzioni principali. Adesso possiamo passare dalla teoria alla pratica! Allora avviamo l'app e vediamo alcune semplici azioni che possiamo compiere con questo social network.

Personalizzare il profilo

La sezione del "Diario" è dedicata alla condivisione dei nostri pensieri e interessi, è la vera parte di Facebook che parla di noi e pertanto va personalizzata. **Ma come fare?**

- **Foto profilo:** prima di procedere all'inserimento dell'immagine, dedichiamo qualche secondo ad analizzare lo spazio a disposizione, anche questa riflessione può aiutarci nella scelta. La foto comparirà all'interno di un cerchio, pertanto facciamo attenzione che il soggetto non venga tagliato.

Ricorda: è la foto che sarà vista da tutti e che ci rappresenterà come un biglietto da visita, deve perciò identificarci al primo sguardo!

Inserirla o cambiarla è facile: basterà toccare l'icona con la fotocamera in basso a destra del riquadro e compariranno una serie di opzioni. Quella che ci interessa è **"Seleziona l'immagine del profilo"**.

A questo punto potremo selezionare la foto dalla galleria del nostro smartphone (**"Rullino foto"**) oppure sceglierla dalle altre cartelle di immagini già presenti su Facebook, collocate nella barra superiore: scorriamo col dito verso destra per vederle tutte **(1)**.

Dopo aver scelto, tocchiamo la foto **(2)** e un'altra finestra ci permette di centrare con le dita l'immagine rispetto al cerchio e di scrivere una frase di accompagnamento **(3)**.

Solo temporaneamente è un'opzione per lasciare la nuova foto per un tempo limitato, che possiamo impostare tra quelli proposti. Alla fine verrà reimpostata la foto precedente **(4)**.

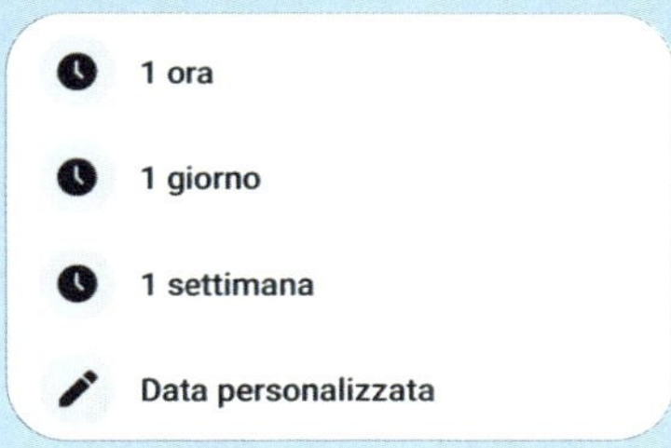

- **Foto di copertina:** Per inserirla o cambiarla possiamo seguire le stesse operazioni elencate per la personalizzazione della foto profilo: tocchiamo l'icona con la macchina fotografica (in basso a destra dell'immagine) e seguiamo i passaggi suggeriti. Possiamo selezionare la foto dalla galleria del nostro cellulare (**"Carica foto"**) oppure sceglierla tra quelle già presenti sul social (**"Seleziona foto su Facebook"**); possiamo anche creare un collage di più foto (**"Crea collage di copertina"**) o decidere di utilizzare un'immagine suggerita dal Web, come per gli sfondi del computer (**"Seleziona un tema"**).

Ricorda: l'immagine di copertina è quella che occupa lo spazio più grande, rettangolare, e solitamente rappresenta qualcosa che ci piace, che riflette la nostra personalità o lo stato d'animo.

La richiesta d'amicizia

Che cosa significa diventare amici su Facebook? Nel momento in cui stringiamo amicizia con un altro utente, gli permettiamo di accedere alla nostra "vita" o almeno a quella parte di essa che mostriamo all'interno del social network; potrà conoscere le nostre amicizie, la nostra famiglia, vedere le nostre foto e conoscere, attraverso ciò che postiamo sulla nostra bacheca, il nostro orientamento politico, ideologico, religioso o semplicemente i nostri gusti.

- **"Trova amici":** Questa funzione ci permette di trovare persone "da aggiungere", ovvero a cui chiedere l'amicizia. Ci sono diversi modi per accederci, ma il seguente è il più veloce.

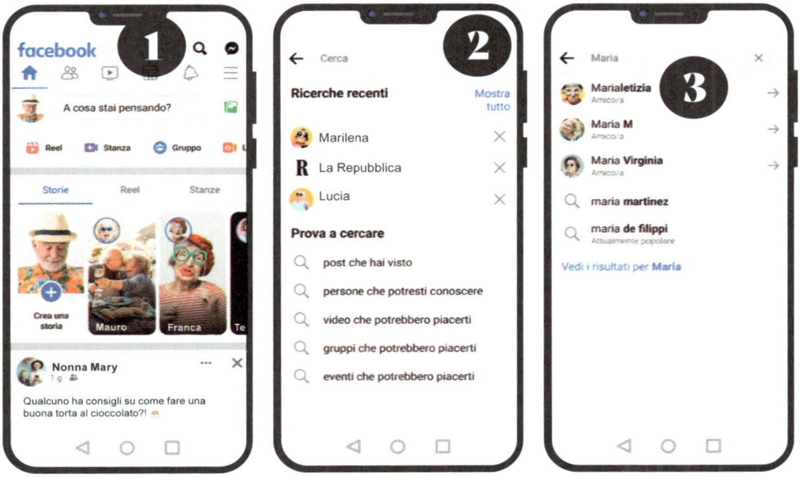

1. Nella Home page, possiamo toccare la lente d'ingrandimento che si trova in alto a destra.

2. Si aprirà una nuova pagina dove è possibile digitare nell'apposita casella con scritto **"Cerca"** il nome che del profilo che stiamo cercando. Prima di inserire il nominativo, poco sotto appariranno le **"Ricerche recenti"**, ovvero gli utenti ricercati da poco, seguite da alcuni suggerimenti.

3. Nel momento in cui iniziamo a digitare le prime lettere, la schermata si modifica, mostrando un nuovo elenco composto dai profili conosciuti che hanno quel nome. Se tra gli utenti suggeriti non compare la persona che stiamo cercando, dobbiamo schiacciare **"Vedi risultati per..."** e ampliare la ricerca.

A questo punto basta cliccare sopra l'immagine del diretto interessato per visitare il suo profilo e richiedere l'amicizia. Per farlo dobbiamo premere sul tasto blu **"Aggiungi"**, che cambierà poi in **"Richiesta inviata"**, e attendere. Una volta che la nostra richiesta sarà accettata, il pulsante modificherà la sua scritta in **"Amici"**.

In attesa della risposta, premendo l'indicatore "Richiesta inviata" apparirà una tendina con alcune opzioni, tra le quelle più importanti: **"Annulla richiesta"** (di amicizia) e "**Modifica lista degli amici"**, che ci dà la possibilità di collocare quella persona tra gli **"Amici più stretti"** o i **"Conoscenti"**. Scegliere tra queste categorie sarà utile per indirizzare tutte le nostre comunicazioni, cioè decidere chi vedrà i contenuti che pubblichiamo.

Se riceviamo una richiesta di amiciza

Se, invece, fossimo noi a ricevere una richiesta di amicizia, **cosa dobbiamo fare?**

Innanzitutto comparirebbe la notifica della richiesta nella sezione dedicata agli "Amici" **(→ vedere pagina 34)**. Clicchiamo sopra all'immagine della persona interessata per visitare il suo profilo.

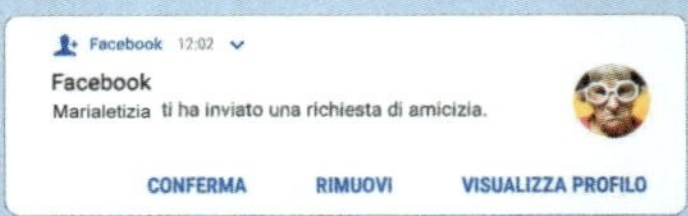

Potremmo anche vedere l'anteprima della notifica nel menu a tendina del cellulare.

Sotto la foto profilo comparirà la casella **"Rispondi"**. Premendola potremo decidere se accettare o meno l'amicizia.

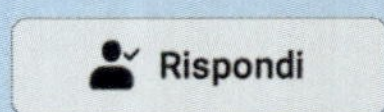

Una volta effettuato il collegamento, il tasto cambierà in **"Amici"**.

Il numero massimo di amici per un profilo è pari a **5000**.

* **Ricorda: è possibile gestire la propria lista di amici all'interno della sezione "Profilo personale", cliccando sulla scritta "Amici" che compare sotto alla foto profilo e alle informazioni. Qui compare anche l'opzione "Trova amici".**

Pubblicare un post

Prima di passare alla pratica, un po' di teoria. **Che cos'è un post?** I post costituiscono il corpo del social network; sono come le notizie che compongono un giornale o la merce disposta in mostra in una vetrina. Ma entriamo nel dettaglio.

Un **post** (dall'inglese *to post*, in italiano "postare", "inviare", "pubblicare") non è altro che un messaggio testuale avente la funzione di opinione, commento o intervento che viene pubblicato sul social network, per esprimere le nostre idee. Possiamo allegare articoli, immagini e video, che possono anche essere trasmessi in "diretta" (riprese che vengono visualizzate sul social network proprio mentre le stiamo girando). Per esempio: vogliamo parlare di un libro che abbiamo letto? Possiamo fissare un'ora e una data e "andare in onda" come fossimo in tv!

I post sono strutturati principalmente in due parti:

1. Una superiore in cui sono riportati l'autore, quando è stato pubblicato il post, un testo corredato volendo da foto, video o link;

2. Una inferiore nella quale leggiamo il numero di apprezzamenti ricevuti dal post, ovvero i **"mi piace"** di cui spesso abbiamo sentito parlare (*like* in inglese) e chi li ha espressi, insieme ai **"Commenti"** (messaggi lasciati da altri utenti) e al numero di **"Condivisioni"** (chi ha creato un nuovo post partendo dal nostro.

*** "Mi piace", "Commenta", "Condividi" servono a interagire con il post (→ vedere pagina 46).**

Per creare un post si parte dalla Home page di Facebook:

1. Tocchiamo all'interno della casella **"A cosa stai pensando?"**
2. Si aprirà la finestra dedicata alla creazione della nuova scheda.

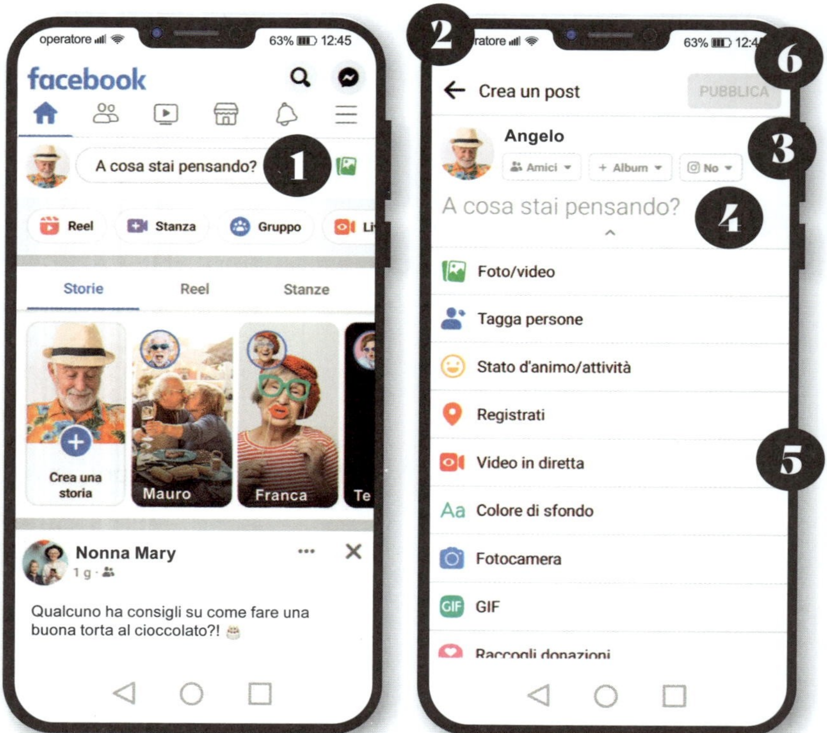

3. Subito sotto il nostro nome, 3 casella ci permettono di gestire alcune preferenze: toccando la prima possiamo scegliere chi potrà vedere il nostro post (→ **vedere pagina 25 per approfondire "Impostazioni e privacy"**); la seconda di selezionare a quale album aggiungere i file multimediali che alleghiamo; e infine se pubblicare il post anche su Instagram.

> ✱ **Ricorda: Gli account Facebook e Instagram si possono collegare (→ Per approfondire "Instagram" vedere pagina 61).**

4. Cliccando sopra **"A cosa stai pensando?"** apparirà la tastiera per scrivere il testo.

5. Sotto lo spazio per inserire il testo troviamo una serie di simboli che ci permettono di arricchire ulteriormente il nostro post. Tra i più utili sono da citare:

   - **Foto / video:** per allegare uno o più file multimediali presenti nella galleria del nostro smartphone. Toccando il tasto apparirà la sequenza di immagini che possiamo selezionare. Premendo su "Selezione multipla", in alto a destra, potremo condividere più foto. Toccando invece il simbolo della macchina fotografica poco più sopra, avremo accesso alla fotocamera per scattare al momento l'immagine da pubblicare nel nostro post.

   - **Tagga persone:** ci permette di inserire una specie di "etichetta" collegata a un profilo che verrà informato della pubblicazione del post (→ **vedere pagina 45**). Appena toccheremo il tasto, apparirà l'elenco degli "Amici" che potremo inserire. Uno spazio per la ricerca (" **Cerca"**) ci permette di trovare la persona interessata più in fretta.

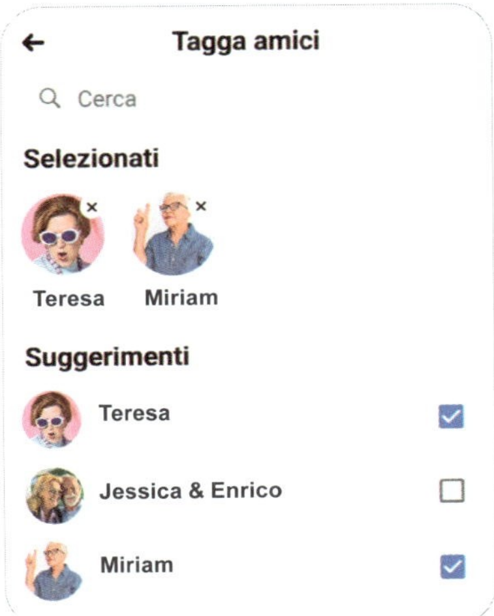

- **Registrati:** se vogliamo associare al post un luogo particolare, collegandoci una posizione GPS che possiamo aprire con le applicazioni opportune (tipo Google Maps). Possiamo scegliere tra i suggerimenti che compaiono nella lista oppure cercare un luogo specifico.

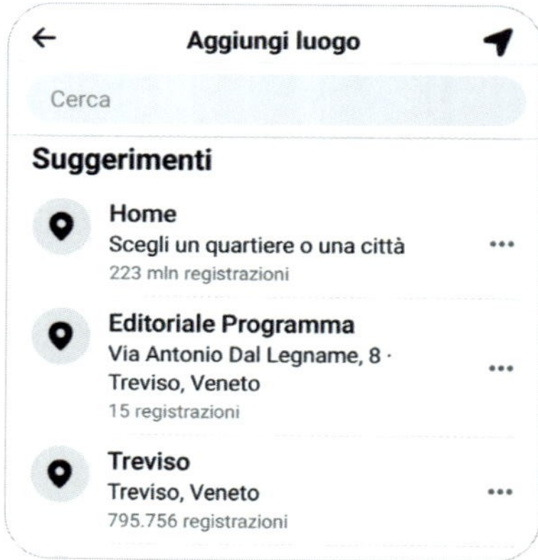

6. Infine tocchiamo **"Pubblica"** per condividere.

Una volta pubblicato, il Post viene riportato, in ordine cronologico, nel nostro Diario e nella Home page.

Se invece abbiamo cambiato idea e vogliamo abbandonare la pubblicazione, ci basta tornare indietro e schiacciare **"Elimina post"** sulla finestra che compare.

Per modificare o eliminare un post che abbiamo già pubblicato basta premere i 3 pallini in alto a destra; si aprirà una finestra con diverse opzioni, tra cui, oltre a "Sposta nel cestino", molto utile sono: **"Salve il post"** (per poterlo leggere più tardi); **"Modifica post"** (per cambiare testo e immagini), **"Modifica privacy"** (per decidere chi può vederlo); **"Copia link"** (per condividere il contenuto tramite altre applicazioni).

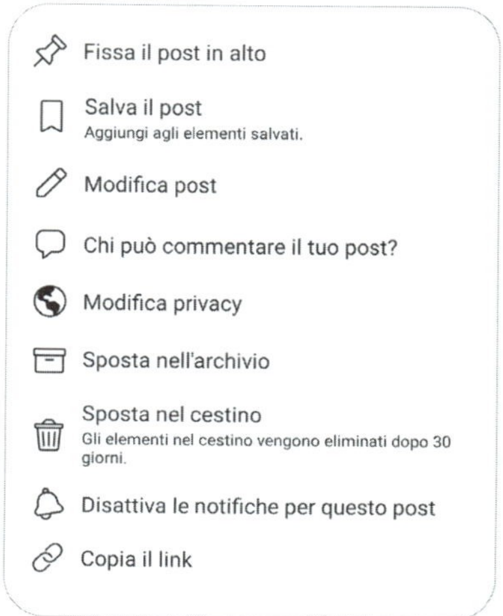

I tag

Quante volte abbiamo sentito utilizzare l'espressione "ti taggo" o "posso taggarti"; deriva da tag.

Il **tag** (in italiano, "etichetta") è il modo in cui possiamo coinvolgere direttamente le persone richiamando la loro attenzione. Queste possono essere menzionate in un post, nei commenti e all'interno delle foto e, di conseguenza, stimolate ad intervenire in una discussione, un po' come se le stessimo "chiamando" per attirare la loro attenzione.

Taggare è molto semplice, basta far precedere dalla chiocciola (@) il nome della persona che vogliamo coinvolgere (esempio: @cristina rossi). Appena cominceremo a digitare, per esempio "@cr...", Facebook ci suggerirà il nome completo delle persone con quelle iniziali: se compare quello desiderato, selezioniamolo. In alternativa, al momento della creazione del post, possiamo selezionare la voce "Tagga persone", inserendo il nome nella barra di ricerca in alto (→ **vedere pagina 43**).

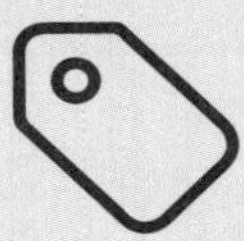

Anche i volti presenti nelle **foto** possono essere taggati per essere riconosciuti. Come si procede? Quando apriamo la foto già caricata su Facebook, in alto a destra compaiono tre simboli. Quello che rappresenta un'etichetta ci permette di effettuare il tag. Nel momento in cui lo tocchiamo ogni viso viene incorniciato da un quadrato; premendoci sopra apparirà una lista con la possibilità di selezionare o cercare il profilo da inserire. Tocchiamo "Fine" per concludere l'operazione.

La persona taggata sarà sempre avvertita da una notifica.

Possiamo anche decidere se e chi può taggarci; ecco come fare: **"Impostazioni e privacy"** (⚙) → **"Profilo e aggiunta tag"** in "Pubblico e visibilità" → **"Profilo e aggiunta tag"**. Qui scegliamo le opzioni che preferiamo.

Commentare un post

Abbiamo appena visto come pubblicare un post ci permetta di condividere un'informazione, comunicare la nostra opinione o il nostro stato d'animo alle persone che conosciamo e seguiamo su Facebook. La cosa bella dei social è l'interazione tra i suoi utenti, perciò ogni volta che postiamo qualcosa possiamo aspettarci una risposta o un commento.

Ci sono diversi modi per far sapere il nostro parere circa un post. Vediamo di seguito come fare!

- **La reaction:** il modo più immediato per comunicare la nostra opinione su Facebook è sicuramente la *reaction*, che in italiano significa "reazione": cosa abbiamo provato vedendo quel post? Ci è piaciuto? Allora possiamo mettere un bel "pollice all'insù". Il **"Mi piace"** o **"Like"**, all'inglese, è forse la reaction più famosa del social network, ma non è l'unica.
  In basso, sotto al vero e proprio contenuto condiviso, vediamo 3 "tasti" che ci permettono 3 azioni diverse. Il primo, a sinistra, è quello della reaction. Se lo tocchiamo cambierà colore diventando blu: abbiamo così messo "mi piace" al post! Ma se lo teniamo premuto, ecco che si apre una finestra con altri *emoji*.

Le reaction di Facebook sono animate!

> ✱ ***Emoji* o *emoticon*: sono dei simboli pittorici che riproducono in maniera stilizzata le principali espressioni del viso umano (per questo vengono chiamati anche "faccine"), così da comunicare uno stato d'awnimo senza usare parole. Possono anche essere stilizzazioni di oggetti, animale e paesaggi.**

- **Il commento:** Se vogliamo rispondere a un post e lasciare un messaggio, allora il tasto **"Commenta"** fa al caso nostro! Si trova accanto al "Mi piace", in basso, e toccandolo compaiono sullo schermo la tastiera e la casella dove poter inserire il nostro testo ("Scrivi un commento..."). Finita la composizione del messaggio, basta schiacciare l'icona con l'aeroplanino blu sulla destra, e il nostro commento sarà inserito nella schermata apposita.
  Qui possiamo vedere se altri profili hanno lasciato un messaggio e, se vogliamo, rispondere direttamente ad ognuno. Come? Mettendo una reaction (tasto "Mi piace") oppure schiacciando **"Rispondi"** se vogliamo scrivere qualcosa.
  Oltre ai messaggi di testo possiamo commentare anche con degli *stiker* (icone).

- **La condivisione:** con il tasto "Condividi", in basso a destra, possiamo riportare sulla nostra pagina personale un post che ha catturato la nostra attenzione in modo da farlo circolare attraverso le nostre conoscenze che a loro volta potranno leggerlo, apprezzarlo (o meno) e commentarlo.

  Dopo aver cliccato **"Condividi"** si aprirà la finestra per la creazione del post (→ **vedere pagina 41**); premendo su **"Condividi ora"** pubblicare il contenuto sul nostro "Diario".

  In basso, inoltre, possiamo notare una lista di opzione che ci permette di condividere il post anche "fuori" da Facebook, ovvero utilizzando altre applicazioni, come WhatsApp o Messenger (→ **vedere pagina 54**).

L'album fotografico

Come già detto, condividendo un post possiamo anche pubblicare immagini e video, che possono sempre essere ritrovati all'interno della sezione dedicata nel nostro "Profilo personale" (→ **vedere pagina 30**). Accedendo a **"Foto"**, si apre la schermata delle immagini in cui siamo taggati, ma in alto troviamo

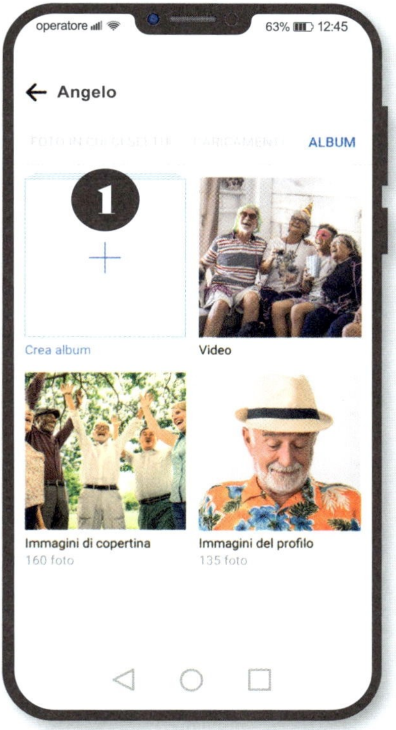

altri due tasti: **"Caricamenti"** ci mostra in sequenza cronologica (dal più recente) tutti i file multimediali pubblicati da noi su Facebook; mentre **"Album"** ci permette ci accedere a una sezione dove le foto sono organizzate in cartelle tematiche.

I primi 3 album li crea Facebook in automatico ogni volta che carichiamo un video (album "Video") e cambiamo la foto profilo (album "Immagini del profilo") o di copertina (album "Immagini di copertina").

Per creare un nuovo album a nostro piacimento basta seguire alcuni semplici passaggi.

1. Clicchiamo sulla cartella vuota con la scritta "Crea album", in alto a destra.

2. A questo punto si aprirà una finestra con la possibilità di decidere il nome dell'album e chi potrà vederlo (→ **vedere pagina 27 per approfondire "Impostazioni e privacy"**).

   Una volta inserite le preferenze, schiacciamo il pulsante "Crea" posizionato in alto a destra.

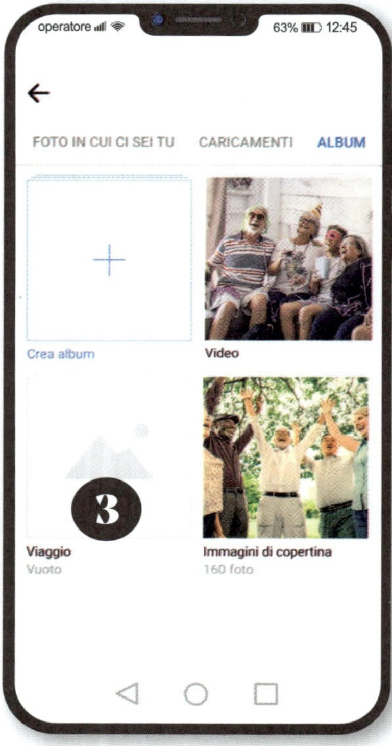

3. Fatto ciò, comparirà tra gli album la cartella appena creata. Per personalizzarla basterà toccarla e, una volta dentro, premere su **"Aggiungi foto/video"** per caricare i nostri file.

4. Verrà così aperta una nuova pagina che mostra in sequenza tutte le immagini della galleria del nostro cellulare. Tocchiamo le foto che ci interessano per selezionarle e, alla fine, premiamo su **"Avanti"** in alto a destra.

5. Procedendo potremo pubblicare le foto come se stessimo creando un post (→ **vedere come "Pubblicare un post" a pagina 41**). Ogni volta che pubblichiamo un album, infatti, apparirà come notizia nel nostro "Diario" e nella "Sezione Notizie" dei nostri amici.

Le "Storie"

Anche su Facebook, come per altri social come WhatsApp e Instagram, è possibile creare contenuti della durata di 24 ore per raccontare il nostro stato d'animo: sono le cosiddette **"Storie"** o **"Stories"**, in inglese. **Come si fa?**

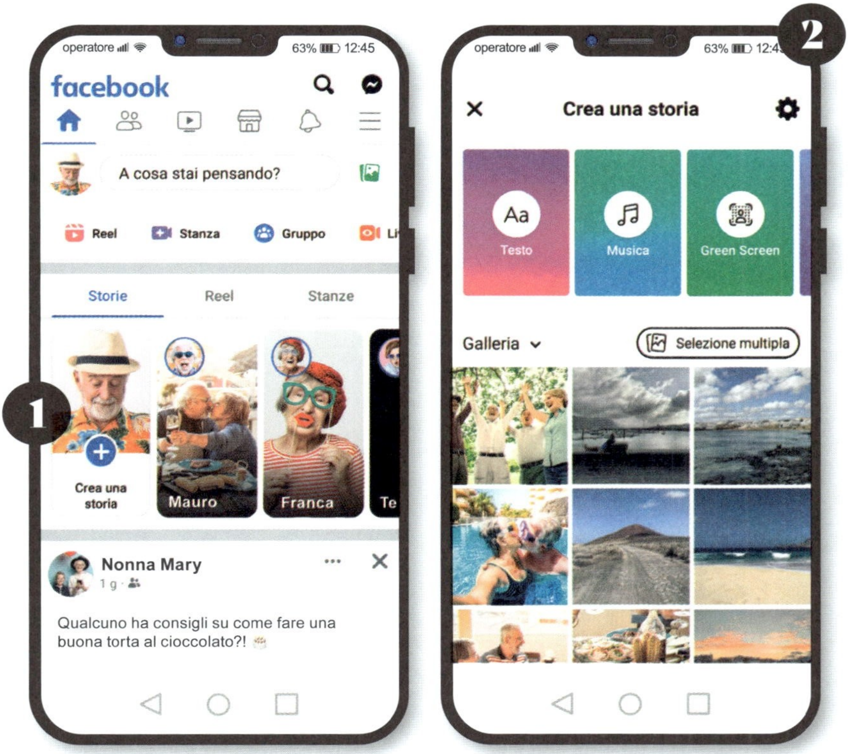

1. Nella pagina iniziale del nostro profilo, premiamo sul riquadro **"Aggiungi una storia"**, collocato in alto sull'app.

2. Si aprirà la schermata dove potremo creare la nostra "Storia" e scegliere se utilizzare una delle foto presenti sul nostro dispositivo o una delle opzioni predefinite disponibili in alto (**"Testo"**, **"Musica"**, **"Green screen"**, **"Boomerang"**, o **"Selfie"**).

Per esempio: se volessimo condividere una semplice foto, toccheremo una delle immagine della lista. Possiamo scegliere quella che preferiamo spostandoci col dito sullo schermo, oppure selezionarne più di una toccando il tasto "Selezione multipla".

Se invece volessimo usare i suggerimenti in alto, ecco cosa ci permettono di fare:

- **Testo:** Ci permette di inserire un frase e personalizzarne lo sfondo, scegliendolo tra le proposte predefinite.
- **Musica:** Ci permette di condividere un brano musicale.
- **Green screen:** Ci permette ci scattarci una foto modificando lo sfondo che abbiamo alle spalle, scegliendolo tra le proposte predefinite.
- **Boomerang:** Ci permette di girare un breve video che viene riprodotto in loop, cioè facendolo sempre ricominciare da capo.
- **Selfie:** Ci permette di aprire la fotocamera interna del cellulare per scattare una foto al nostro volto e poi scegliere tra una serie di effetti.

* **Ricorda: il alto a destra il simbolo con l'ingranaggio (⚙) ci permette di decidere una serie di impostazioni relative a privacy e condivisione.**

3. Scelto cosa vogliamo condividere, si aprirà la schermata per editare nostra "Storia", ovvero dove potremo personalizzarla aggiungendo scritte, icone e simboli, musica... Potremo addirittura disegnarci sopra. Sbizzarriamoci per rendere unica la nostra pubblicazione!

4. Quando saremo soddisfatti non ci resterà che premere **"Condividi"** e il gioco è fatto! Nella "Sezione Notizie" apparirà anche la nostra "Storia"!

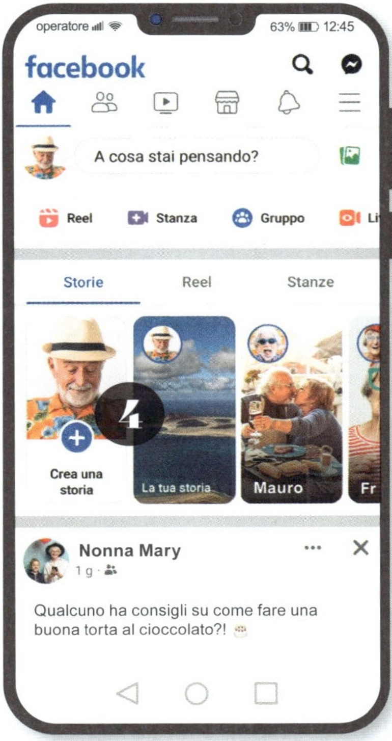

Ricorda: Prima di condividere la "Storia" possiamo anche scegliere quante persone potranno vederla; per fare ciò basta toccare "Privacy" in basso a sinistra e aprire la schermata dove scegliere gli utenti che potranno visualizzare il nostro contenuto e decidere se pubblicarlo anche su Instagram.

Altri servizi

Dall'ormai lontano 2004, anno della sua fondazione, Facebook ha rinnovato più volte i suoi contenuti e nel tempo è stato arricchito da sempre maggiori servizi. Di seguito citeremo queste piattaforme nate attorno al social, soffermandoci sulle anche loro funzioni più utili.

Messenger

Con Facebook Messenger è possibile comunicare in forma privata con altri utenti: possiamo inviare messaggi e scambiare foto, video, adesivi e file audio; si possono avviare anche chiamate vocali e video tra due o più persone!

Per accedere al servizio basta entrare in Facebook e nella schermata Home toccare il simbolo con il fulmine all'interno di un fumetto posizionato in alto a destra.

Per utilizzarlo più comodamente, poi, è possibile scarica dal Play Store l'applicazione dedicata, così da accederci direttamente dal proprio cellulare.

Toccandone l'icona, dunque, avremo accesso alla sezione **"Chat" (1)**, dove è presente l'elenco di tutte le conversazioni già avviate con i nostri amici (segnate con il nome che usano su Facebook). In basso troviamo i simboli che ci permettono di accedere alle altre sezioni: dentro a **"Persone" (2)** comparirà la lista dei profili attualmente on line, ovvero quegli utenti che stanno utilizzando Facebook in quel preciso momento; in **"Storie" (3)**, invece, apparirà la sequenza delle "Storie" (→ **vedere pagina 51**) pubblicate dai nostri amici.

*** Ricorda: Anche sulla schermata delle chat, in alto, compariranno in sequenza gli utenti online (foto profilo con un pallino verde). Scorriamo con il dito verso destra per vederli tutti (4).**

Per mandare un messaggio basterà toccare la chat che ci interessa. Possiamo anche cercare l'utente scrivendo il suo nome nello spazio di ricerca presente in alto **(5)**. Una volta aperta la conversazione, potremmo digitare il messaggio nell'apposito spazio in basso **(6)**. Oltre al testo, che potremmo inserire grazie alla tastiera che compare non appena si tocca lo schermo, qui potremmo allegare file multimediali e creare vocali. Per avviare una chiamata, invece, basterà toccare i simboli in alto a destra **(7)**: il "Telefono" per una semplice chiamata vocale, la "Vidiocamera" per una chiamata video.

Ricorda: Possiamo inviare un messaggio anche andando sul profilo della persona interessata e, sotto alla foto di copertina, toccare la scritta "Invia un messaggio". Si aprirà lo spazio della chat Messenger.

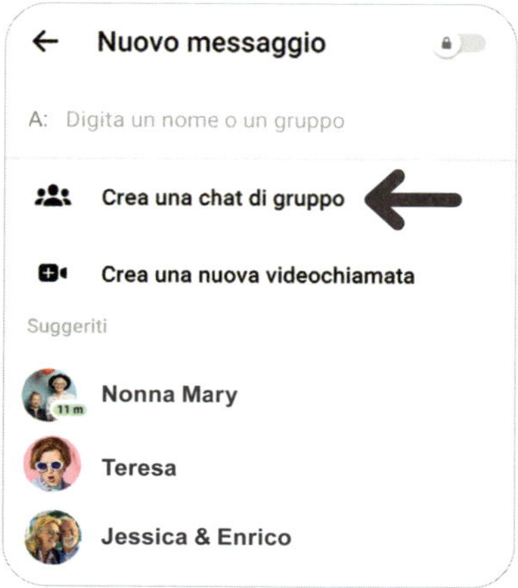

Toccando invece il tasto a forma di penna in alto a destra **(8)** potremo sempre cercare un profilo per avviare una conversazione, ma avremo anche la possibilità di create una "Chat di gruppo" con più amici! Al suo interno tutti potranno leggere i messaggi che vengono scritti e si potranno avviare anche chiamate e videochiamate collettive.

Attenzione ai virus!

«Hey ma che combini in questo video? ahah sei finito addirittura nella prima pagina del sito ....»

«Ciao stavo guardando un video ed ho visto che c'eri tu... da te non me lo aspettavo! Sei nella home del sito ....»

Vi è mai capitato di ricevere messaggi come questi da alcuni vostri amici? Sappiate che non sono stati loro a inviarli, ma è colpa di applicazioni **spam** o **virus** informatici che hanno "rubato" il loro account Facebook!

Quando ricevete messaggi del genere fatevi due domande prima di aprire il sito! Anzi, è consigliato evitare di visitarlo e, piuttosto, contattare i vostri amici (non su Facebook ovviamente), informarli e dire loro di cambiare la password del proprio account immediatamente.

Se siete voi vittima del virus è il caso di segnalare a Facebook il proprio account come compromesso al link *facebook.com/hacked*: qui un procedimento vi guiderà a cambiare la password e mettere in sicurezza il profilo.

Marketplace

Questa sezione di Facebook ci permette di vendere e comprare oggetti di vario genere, solitamente usati. Cliccando sull'icona accederemo alla pagina dedicata.

Qui troveremo una lista di annunci in base alle nostre preferenze; scorrendo lo schermo verso il basso potremo esplorare tutte le proposte.

In alto, comunque, troveremo alcuni utili tasti:

1. **Vendi:** Ci permetterà di pubblicare il nostro annuncio, basta seguire la facile procedura;

> *** Ricorda: Potremo gestire i nostri annunci all'interno del nostro profilo, cliccando la piccola l'icona con un omino in alto a destra (4).**

2. **Categorie:** Ci permette di trovare più facilmente quello che stiamo cercando in base alla sua tipologia. Per esempio: vogliamo trovare qualcosa di nuovo per rinnovare la nostra casa? Entriamo nella categoria "Arredamento" e troveremo sicuramente qualche spunto!

3. **Cerca:** Se abbiamo le idee chiare, invece, possiamo ricercare direttamente quello di cui abbiamo bisogno premendo il tasto con la lente d'ingrandimento in alto a destra. Qui potremo digitare il nome dell'oggetto specifico che stiamo cercando, con tutte le sue caratteristiche (per esempio: "Sedia bianca in legno"), e compariranno gli annunci più inerenti.

*** Ricorda: Se la nostra posizione GPS è attiva, Marketplace ci proporrà automaticamente gli annunci più vicini a noi! (5)**

Watch

Watch è un servizio offerto da Facebook la visione di video on demand. La piattaforma offre suggerimenti personalizzati per i contenuti da visualizzare, così come la classificazione dei contenuti dipende da diversi fattori, come la popolarità.

Per accedere basta toccare l'icona con lo schermo stilizzato.

Si aprirà, così, una schermata dove troveremo diversi video pubblicati dalle pagine che seguiamo o ci piacciono. Per vederli tutti basta scorrere con lo schermo verso il basso.

*** Ricorda: L'interazione con questi contenuti funziona come quella degli altri post (→ vedere pagina 41).**

Dating

Dating è una funzione di Facebook, collegabile anche all'account Instagram, che permette di incontrare altre persone per conoscerle e, chissà, magari innamorasi!

Per attivare il servizio bisogna creare un profilo, che verrà gestito separatamente rispetto a quello normale di Facebook. Per iniziare troviamo l'accesso nel "Menu" sulla Home page (☰).

Riceveremo, così, suggerimenti di persone che potrebbero combaciare con le nostre caratteristiche, dati in base a preferenze, interessi e gusti indicati sulla nostra pagina Facebook.

Ricorda: Tutto quello che si fa su Dating non sarà condiviso nel nostro profilo Facebook.

Se la persona suggerita ci sembra interessante possiamo scriverle direttamente o cliccare sul bottone **"Like"**. Se non ci piace, basta continuare la ricerca. Potremo farci conoscere tramite, per esempio, la creazione di "Stories", oppure interagire effettuando incontri virtuali grazie alle videochiamate!

Ricorda: Dating ci permette di conoscere "amici di amici", ma mai persone nella nostra schiera di amicizie su Facebook, a meno che non lo specifichiamo.

2.

Instagram

“ Non si ricordano i giorni, si ricordano gli attimi

Cesare Pavese

Tra i social network più apprezzati e facili da usare con lo smartphone c’è Instagram. Divertente e creativo, si tratta di una piattaforma nata principalmente per permetterci di scattare **foto**, modificarle attraverso filtri che le rendono più particolari o belle e condividerle via Internet.

Con il tempo, però, alla funzionalità delle foto, se ne sono aggiunte altre importanti come la condivisione di video, la creazione di “Storie” (immagini o filmati che hanno una durata di 24 ore) e l’avvio di dirette, attraverso le quali possiamo interagire con i gli altri utenti in tempo reale.

Scopriamo passo dopo passo come utilizzarlo per condividere con i nostri follower luoghi visitati, cene in famiglia, abbracci tra amici e... via alla fantasia!

Creare l'account

Il primo passo da compiere per iscriversi e accedere a Instagram è scaricare sul nostro telefonino l'applicazione ufficiale del social network tramite il Play Store.

Una volta scaricata tocchiamo l'icona e avviamo l'app.

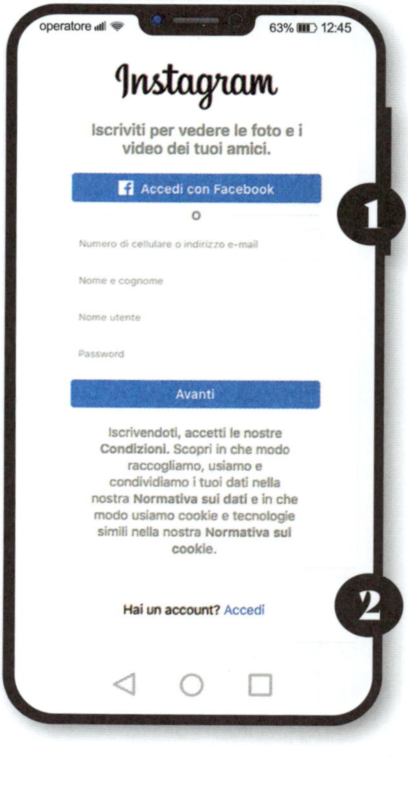

1. Ci verrà chiesto di iscriverci al social accedendo tramite le credenziali Facebook (Instagram è di proprietà di Facebook quindi i due sistemi sono "connessi") oppure creando un nuovo account con username ("Nome utente") e password. Successivamente ci verrà anche chiesto di associare la nostra e-mail o il numero di telefono.

2. In caso fossimo già in possesso di un profilo (magari ci siamo disconnessi perché abbiamo cambiato cellulare e dobbiamo accedere nuovamente), basterà inserire le nostre credenziali premendo "Accedi" in basso.

Profilo personale

Al momento dell'iscrizione, Instagram ci chiederà di scegliere alcune preferenze che caratterizzeranno il nostro profilo. Vediamone le principali e come personalizzarle.

Username

Il social ci chiederà di effettuare la scelta dell'username. Di che si tratta? Del nome con cui saremo conosciuti all'interno di questa piattaforma. Spetta a noi decidere se usare un nome di fantasia oppure il nostro nome reale. Se scegliamo un nome di fantasia ricordiamoci comunque di mettere, per comodità, il nostro nome quando creiamo il profilo (esempio: Angelo50).

Ricorda: L'username si può anche cambiare successivamente, ma è consigliabile non farlo se siamo già conosciuti con tale nominativo anche su altri social networks: le persone avranno più facilità nel trovarci ed identificarci. Per modificarlo, comunque basta premere sul tasto "Modifica profilo" presente nella nostra "Pagina personale" (→ vedere pagina 26).

Password

La password è la "parola chiave" per poter accedere al nostro account. Al momento dell'iscrizione ci sarà chiesto di sceglierne una adatta, che non dovremo mai rivelare a nessuno, così da evitare che qualcuno utilizzi il profilo al nostro posto. Per far sì che questo non succeda è bene inserire alcuni caratteri maiuscoli, dei numeri e alcuni segni grafici, come "!", "?", "&"...

Ricorda: Anche la password può essere cambiata, anzi, è consigliabile farlo periodicamente: "Menu" (☰) → "Impostazioni" → "Sicurezza" → "Password" (→ vedere pagina 25).

La foto profilo

Tra le personalizzazioni richieste al momento dell'iscrizione c'è la scelta della foto profilo. Cliccando sul tasto "Aggiungi una foto", si aprirà una finestra a tendina che ci proporrà una serie di opzioni per caricare la nostra immagine.

- Possiamo scattare una foto al momento;
- Usare un'immagine dalla galleria del nostro cellulare.
- Se siamo già presenti, è possibile importare la foto profilo direttamente da Facebook, così da essere riconoscibili.

Ricorda: Per cambiare la foto profilo in un secondo momento basterà cliccare su "Modifica profilo" nell'area personale (→ vedere pagina 36).

Profilo pubblico o privato?

Anche se non richiesto al momento dell'iscrizione, è importante ricordare che Instagram imposta tutti i profili come "Pubblici", ma in un secondo momento è possibile cambiarli in "Privato". Nel primo caso, le nostre foto saranno visibili da chiunque. Nel secondo caso, per vedere le nostre foto sarà necessaria la nostra autorizzazione: dovremo accettare di essere "seguiti".

Ricorda: Per cambiare questa opzione basta accedere al "Menu" (☰) → "Impostazioni" → "Privacy" → e attivare o disattivare la levetta di "Account privato" (→ vedere pagina 25).

Le sezioni

Anche Instagram, come Facebook, presenta una suddivisione in sezioni, ognuna delle quali ci permette di effettuare azioni differenti. Possiamo passare da una sezione all'altra a nostro piacimento, in quanto le icone che le contraddistinguono sono tutte presenti nella parte bassa dello schermo del nostro smartphone, e lì rimarranno fisse durante l'utilizzo dell'app. Baterà cliccare sopra ad ognuna per aprire la loro finestra dedicata.

Ecco di seguito i vari simboli e le loro funzioni:

Home: Che potrebbe anche essere identificata come "Sezione Notizie", in quanto qui troviamo la sequenza di post e "Storie" pubblicate dai nostri amici.

Cerca: è lo strumento che ci permette di cercare, appunto, altri profili e non solo.

Reels: è la sezione dove possiamo vedere in successione brevi video, solitamente selezionati a seconda dei nostri interessi.

Shop: questa sezione può essere considerata una specie di vetrina dove vengono esposti e commercializzati diversi prodotti.

Pagina personale: è il nostro profilo, dove gestiamo le nostre informazioni e compaiono i post con le immagini da noi pubblicate.

Ricorda: Nel simbolo della "Pagina personale" comparirà la nostra foto profilo.

Menu e impostazioni

Prima di passare alle vere e proprie sezioni, è bene soffermarsi in un'altra ripartizione, per così dire, di Instagram: il "Menu".

Per accederci è necessario premere il tasto con il simbolo delle 3 barrette orizzontali, posizionata in alto a destra nella nostra "Pagina personale".

Così facendo si aprirà una finestra con una serie di opzioni:

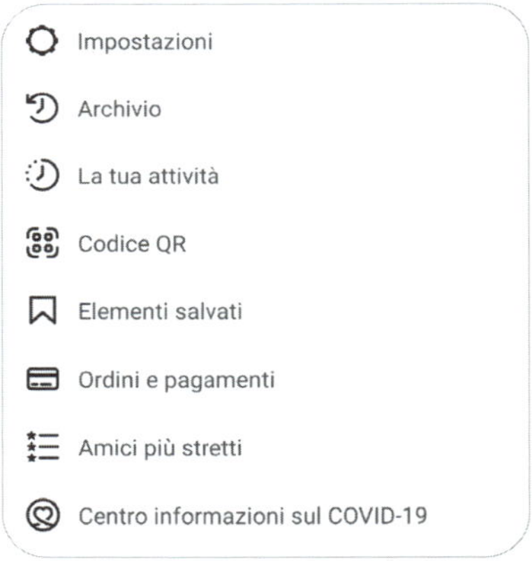

- **Archivio** ci permette di rivedere tutte le "Storia" da noi pubblicate.
- **La tua attività** ci informa di tutte le nostre "mosse" sul social, come il tempo trascorso sull'applicazione, le nostre pubblicazioni, le interazioni che abbiamo avuto, le ricerche che abbiamo fatto...
- **Codice QR** per farci trovare facilmente dagli altri utenti.
- **Elementi salvati**, dove vedere le foto che salviamo, appunto, per ritrovarle più facilmente.
- **Ordini e pagamenti,** se vogliamo effettuare acquisti tramite Instagram.
- **Amici più stretti**, ci permette di inserire all'interno di una lista "privata" alcuni utenti con i quali condividere "Stories segrete".

* Attenzione: **Centro informazioni sul COVID 19, ci permette di accedere a una pagina informativa introdotta con la pandemia.**

- **Impostazioni**, lasciata per ultima proprio per potercisi soffermare un attimo. Qui è possibile gestire una serie di preferenze molto importanti. Tra le più utili, **"Privacy"** ci permettono di scegliere chi potrà vedere il nostro profilo e tutto ciò che pubblichiamo, mentre all'interno di **"Sicurezza"** potremo tenere sotto controllo password e accessi al nostro account.
Inoltre, alla fine troviamo la possibilità di **"Aggiungere o cambiare account"**, dove poter creare altri profili associati a quello già esistente, e di **"Uscire"** da uno o più dei nostri account.

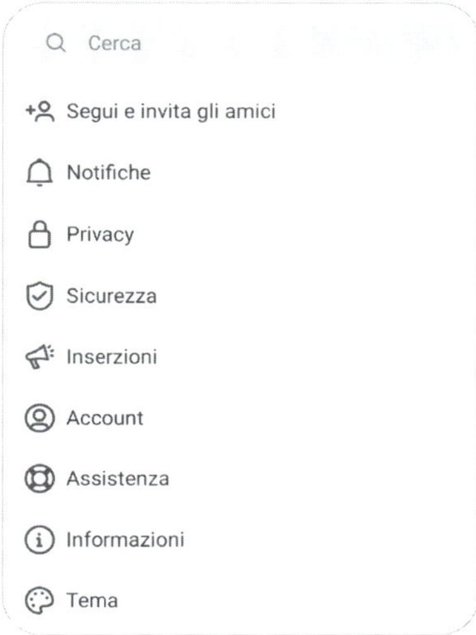

Eliminare l'account

Se abbiamo deciso di cancellare il nostro account Instagram definitivamente, è bene sapere che tale procedura è irreversibile: in caso di ripensamenti non potremo recuperare il nostro profilo. Pertanto, prima di procedere, è meglio effettuare il **backup** dei nostri contenuti multimediali accedendo a **"Impostazioni" → "La tua attività" → "Scarica le tue informazioni"**.

Bisogna sapere, però, che l'applicazione scaricata sul nostro cellulare non ci permette di cancellare il nostro account. Per farlo dobbiamo accedere al browser (esempio Chrome) e cercare ***www.instagram.com/accounts/remove/request/permanent/*** e seguire la procedura.

Pagina personale

Questa è la sezione totalmente dedicata a noi e alla nostra personalità. Qui, con gli amici che ci seguono, i "follower", condividiamo le nostre informazioni, pubblichiamo foto e video, scriviamo i nostri pensieri...

Cerchiamo di capire come è suddivisa questa pagina.

1. In alto a sinistra troviamo il nostro username che indica in quale account ci troviamo. Se avessimo più profili basterebbe schiacciarci sopra e avremmo la possibilità di visualizzarne l'elenco e spostarci da un account all'altro selezionando quello che ci interessa.

2. Sempre in alto, sulla destra troviamo due simboli. Quello con il "+" ci permette di pubblicare un nuovo contenuto; schiacciandolo si aprirà una finestra dove sarà possibile scegliere il tipo di post (→ **per approfondire vedere pagina 41**). L'altra icona (☰) ci dà accesso al "Menu" (**per approfondire vedere pagina 66**).

*** Ricorda: a seconda della sezione in cui ci troviamo, in basso verrà evidenziato il suo simbolo.**

3. Subito sotto troviamo quelle informazione che rendono subito identificabile il nostri profilo: la **foto profilo**; il nostro **nome o pseudonimo**, da non confondere con lo username (quest'ultimo serve per accedere al nostro account, pertanto è consigliabile che siano diversi); una spazio per **scrivere qualcosa di noi** (interessi, passioni, citazioni... Insomma scegliamo qualcosa che ben possa rappresentarci!).

4. Una serie di numeri, poi, ci racconta quanti **"Post"** abbiamo pubblicato, quante persone ci seguono (**"Follower"**) e quanti profili siamo noi a seguire (**"Seguiti"**). Cliccando sopra al primo, lo schermo scende fino a raggiungere le foto in basso **(8)**; se premiamo il secondo e il terzo, si apriranno due pagine con rispettivamente la lista degli amici che ci seguono e che noi seguiamo.

*** Ricorda: Su Instagram "Follower" e "Seguiti" non coincidono: una persona che seguiamo non necessariamente deve contraccambiare.**

5. **"Modifica profilo"** ci dà accesso alla sezione dedicata alla personalizzazione delle nostre informazioni visibili poco sopra **(3)**.

6. Schiacciando simbolo con un omino e il "+" (sulla destra), apparirà una lista delle **"Persone suggerite"**, ovvero account che non ancora seguiamo, ma che potrebbero interessarci perché "amici di amici" o simili ad altri profili da noi seguiti.

7. Una serie di cerchietti con delle foto stanno a segnalare le **"Storie in evidenza"** (→ **per approfondire come "Pubblicare una Storia" vedere pagina 86**). Possono essere considerati della specie di album dove raggruppare le "Storie" che vogliamo siano visibili anche allo scadere delle 24 ore. Per farlo basterà premere su **"Metti in evidenza"** (simbolo con il cuoricino) all'interno della "Storia" e selezionare la cartella che preferiamo (se già presente) oppure crearne una nuova schiacciando su "+".

8. Anche all'interno della nostra "Pagina personale" sono presenti delle "sotto-sezioni", che raggruppano per tipologia i file multimediali da noi pubblicati (e non solo). Vediamole meglio:

Galleria dei post: qui troviamo in ordine cronologico dal più recente tutte le foto e i video da noi pubblicati.

Galleria dei reel: qui troviamo in ordine cronologico dal più recente solo i video creati su Instagram (→ **per approfondire "Reels" vedere pagina 76**).

Galleria dei video: qui troviamo in ordine cronologico dal più recente solo i video caricati e postati su l nostro profilo.

Galleria dei tag: qui troviamo in ordine cronologico dal più recente tutti file multimediali dove siamo stati taggati, ovvero dove compare l'etichetta col nostro nome.

✱ Ricorda: I tag di Instagram funzionano come quelli di Facebook **(→ per approfondire "I tag" vedere pagina 45).**

Feed (Home)

Il simbolo di questa sezione ben spiega il suo significato: una "casetta", *home* in inglese. Infatti, questa sarà la pagina dove passeremo più tempo, in quanto qui sono presentati in sequenza tutti i post pubblicati dai profili che seguiamo. Il "Feed" appare per primo all'avvio dell'applicazione. Ma cerchiamo di capire meglio tutte le opportunità che ci offre.

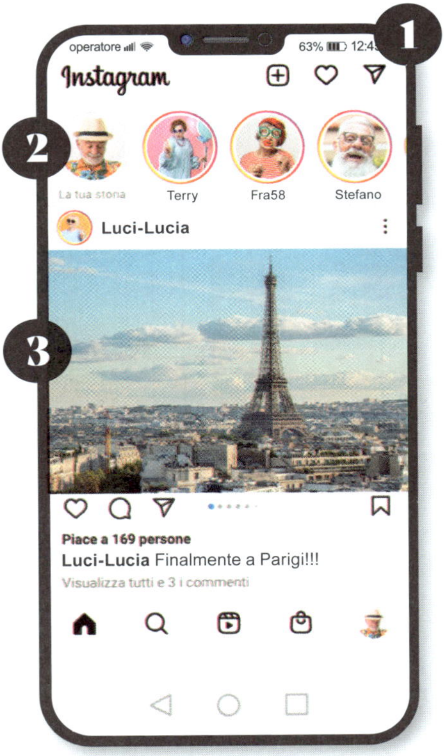

1. In alto a destra troviamo 3 simboli.

- Il primo con il "+" ci permette di pubblicare un nuovo contenuto (→ **vedere pagina 81**).
- Il secondo, con il "cuoricino", corrisponde alla finestra **"Attività"**, che presenta la lista delle notifiche ricevute. Qui possiamo vedere chi interagisce con i nostri post, se veniamo taggati e i nostri nuovi follower. Basta cliccarci sopra, scorrere con il dito verso il basso e premere sulla notizia che ci interessa per raggiungerne il contenuto.
- Il terzo simbolo con l'"aeroplanino di carta" stilizzato ci permette di raggiungere la sezione dedicata all'invio dei **"Messaggi diretti"**. Qui possiamo chattare, chiamare e videochiamare altri utenti (→ **per approfondire come "Inviare un messaggio diretto" vedere pagina 90**).

2. Sempre in alto troviamo, disposte in sequenza, le foto profilo circolari degli account da noi seguiti che hanno pubblicato una "Storia". Il primo profilo, però, è il nostro. Clicandoci sopra potremo creare noi una "Storia" (→ **per approfondire vedere pagina 86**). Se invece avessimo già postato un contenuto, premendoci sopra comparirà il nostro video. Lo stesso vale per gli altri profili:

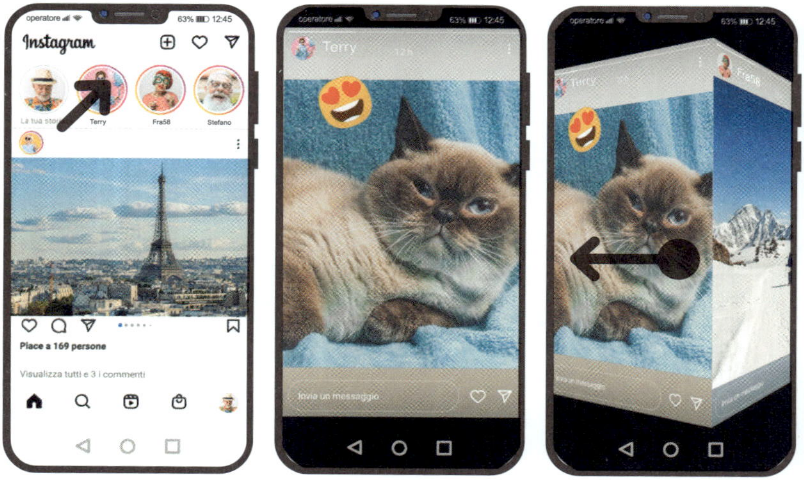

- Cliccando la prima foto apparirà il contenuto pubblicato.
- In basso troviamo una serie di tasti che ci permettono di interagire con la "Storia". Cliccando su **"Invia un messaggio"** potremo lasciare un commento o scegliere tra le reaction che compaiono. A destra un **"curicino"** farà sapere che ci è piaciuta la "Storia" (premendolo), mentre potremo inviarla ad un amico tramite messaggio privato, schiacciando il simbolo con il piccolo **"aeroplano di carta"**.

  In alto a sinistra troviamo la foto di chi ha pubblicato il contenuto; premendoci sopra raggiungiamo direttamente il suo profilo. Al centro vediamo l'orario di condivisione; mentre a destra, il **"Menu"** (3 pallini) ci permette di condividere la "Storia" in altre app o segnalare il contenuto a Instagram se inappropriato.

Sempre in alto, poi, una serie di **barre orizzontali** ci permettono di capire quante "storie" sono state create; se sono più di una, possiamo spostarci da un contenuto all'altro toccando la parte destra dello schermo con la punta del dito (la sinistra per tornare indietro).

- Se tocchiamo lo schermo e trasciniamo il dito, invece, passiamo alla "Storia" del prossimo account in lista (o torniamo a quella precedente a seconda della direzione).

*** Ricorda: Tra le varie "Storie" ci possono comparire anche delle pubblicità. Sono i cosiddetti contenuti brandizzati. Spesso è presente un link che ci permette di raggiungere il sito web dell'azienda in questione.**

3. Per finire, se così possiamo dire, troviamo finalmente lo spazio dedicato ai post che hanno condiviso i nostri amici: uno sotto l'altro, in sequenza, ordinati in ordine cronologico.

*** Ricorda: Per aggiornare il "Feed" basta appoggiare il dito sullo schermo e trascinarlo verso il basso, tendo premuto. Comparirà una rotellina e in pochi secondi appariranno nuovi contenuti**

I post

Soffermiamoci un momento a capire meglio come è strutturato un post.

Su Instagram il suo contenuto coincide sempre con un'immagine o un video, accompagnati da un piccolo testo (non necessario).

Ci sono poi una serie di icone:

- Il **"cuoricino"** corrisponde al "like" di Facebook. Schiacciandolo diventerà rosso e, tramite una notifica, verrà comunicato al profilo interessato che noi abbiamo apprezzato il suo contenuto. Per mettere "mi piace" basterà, anche,fare un doppio tocco sullo schermo (sopra all'immagine del post).

- Il **"fumetto"** serve a lasciare un commento. Premendolo, appariranno i commenti già presenti e, in basso, lo spazio per lasciare il nostro. Schiacciando **"Rispondi"** daremo una risposta diretta a quel preciso commento.

*** Ricorda: una volta pubblicato non sarà possibile modificare il testo del commento; potremo solo eliminarlo.**

Possiamo anche mettere "mi piace" a uno o più commenti premendo il "cuoricino" sulla destra di ognuno.

- L'**"aeroplanino di carta"**, invece, ci permette di inviare quel post come messaggio diretto a un altro profilo (→ **per approfondire come "Inviare un messaggio diretto" vedere pagina 90**).

- L'**"etichetta"** sulla destra permette di salvare il post tra i nostri "Elementi salvati", sezione presente all'interno del "Menu" (☰) situato nella nostra "Pagina personale".

- In alto, sulla destra, tre pallini indicano il **"Menu"** che apre alcune opzioni legate al post specifico e al profilo che l'ha pubblicato.

> ✱ **Ricorda: Cliccando sopra la foto profilo di chi ha pubblicato il post (in alto a sinistra), potremo raggiungere la sua pagina personale.**
> **Se attorno all'immagine c'è un cerchio colorato, significa che quell'account ha pubblicato una "Storia". In questo caso, cliccando l'immagine si aprirà il video correlato.**

Cerca

Questa sezione è dedicata alla ricerca di un profilo particolare, di cui dobbiamo conoscere il nome o l'username. Aprendo la pagina, in alto, troviamo l'apposito spazio per digitare; man mano che inseriamo le lettere compariranno sotto una serie di suggerimenti. Clicchiamo sopra a quello che ci interessa.

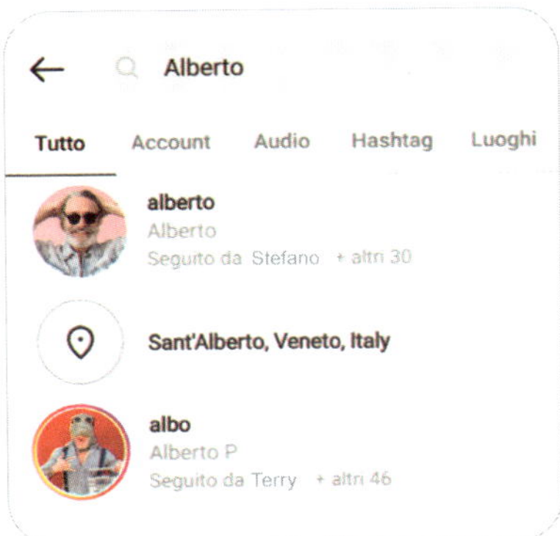

Possono comparire anche luoghi oltre a persone.

Reels

La sezione "Reels" presenta in sequenza una serie di reel, appunto, pubblicati sia da utenti che seguiamo, sia da altri profili molto conosciuti (con un grande numero di follower).

Quando un video sarà finito, in automatico verrà riprodotto quello successivo che si trova subito in basso. Se non volessimo attenderne la conclusione, basterà spostarsi con il dito, trascinando lo schermo.

Possiamo anche mettere "Mi piace", commentare e condividere il reel grazie ai pulsanti sulla destra che ormai conosciamo.

Ma cosa sono i reel?

Sono contenuti **video** divertenti e coinvolgenti di 15 secondi, arricchiti da effetti grafici e sottofondi musicali.

Anche noi possiamo crearne di personalizzati, basta schiacciare il simbolo della macchina fotografica in alto a destra, impostare le nostre preferenze e tenere premuto il pulsante al centro per registrare e seguire le istruzioni per condividerlo.

Shop

Questa sezione consente ad aziende, influencer e professionisti di vendere i propri prodotti direttamente sul social network.

Aprendo la pagina ci verranno proposti gli articoli come se fossero disposti dentro una vetrina digitale.

Cliccando sopra l'immagine che ci ha colpito, potremo meglio visionare il prodotto che ci interessa, scoprendone il prezzo e leggendone la descrizione.

Da qui potremo accedere direttamente al sito web dell'azienda per effettuare l'ordine, salvare il prodotto () per un successivo acquisto e condividere il post con altri utenti ().

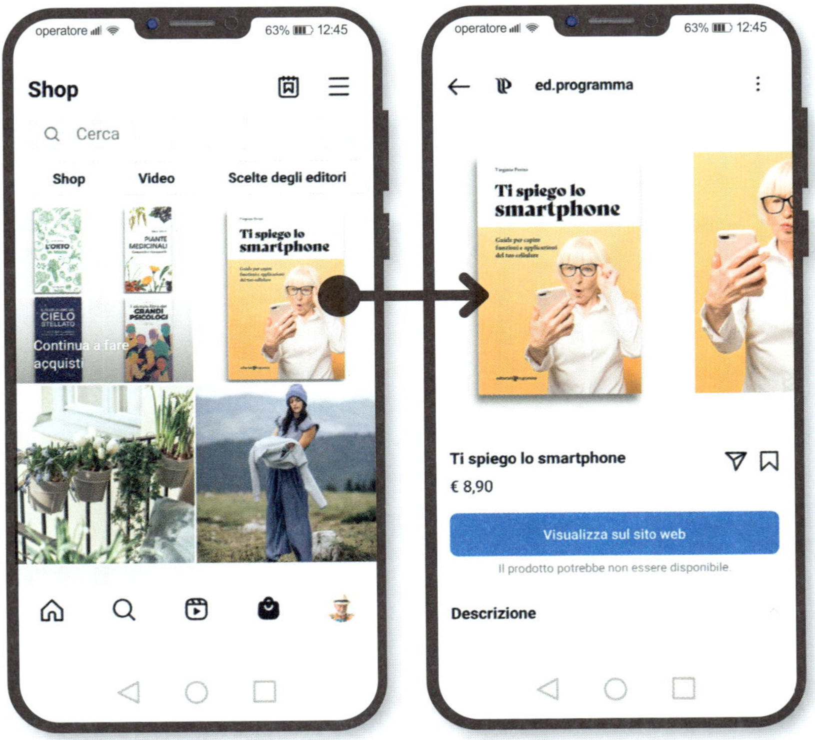

Cosa possiamo fare?

Nei pagine precedenti abbiamo capito come è strutturata l'applicazione di Instagram per lo smartphone, con tutte le sue sezioni e funzioni principali. Adesso possiamo passare dalla teoria alla pratica! Allora avviamo l'app e vediamo alcune semplici azioni che possiamo compiere con questo social network.

Seguire gli amici

Su Instagram, soprattutto all'inizio, quando siamo in cerca di amici con cui condividere le nostre fotografie, è utile "cercare" persone che conosciamo attraverso gli strumenti offerti dal social network. Esistono diverse modalità per trovare nuovi profili da seguire. Vediamo come.

- Già al momento dell'iscrizione, Instagram ci permette di fare una prima ricerca. Dopo aver effettuato l'accesso scegliendo username e password, infatti, comparirà una schermata per iniziare ad aggiungere gli "Amici" di Facebook se abbiamo collegato le due applicazioni (accedendo a Instagram tramite Facebook → **vedere pagina 62**).

- Nella sezione **"Attività"** (icona a forma di cuore in alto a destra) possiamo scoprire quello che fanno le persone intorno a noi e cominciare a seguirle toccando il tasto azzurro "Segui" che compare sulla destra di ogni notifica (ovviamente nel caso non fossimo ancora collegati con quel profilo).

- Ovviamente il sistema più semplice per trovare una persona è lo strumento “Cerca” all’interno della sezione identificata dal simbolo della “lente d’ingrandimento” (→ **per approfondire vedere pagina 75**). Qui basta digitare il nome e scegliere tra le proposte suggerite dal social.

E una volta trovato il profilo che stavamo cercando?

Entrati nella “Pagina personale” abbiamo due possibilità:

- **Profilo aperto:** L’utente ha deciso che tutti possono vedere i contenuti da lui pubblicate e seguirlo. Basta quindi schiacciare sul tasto blu “Segui” e inizieremo ad avere suoi aggiornamenti sul nostro “Feed”.

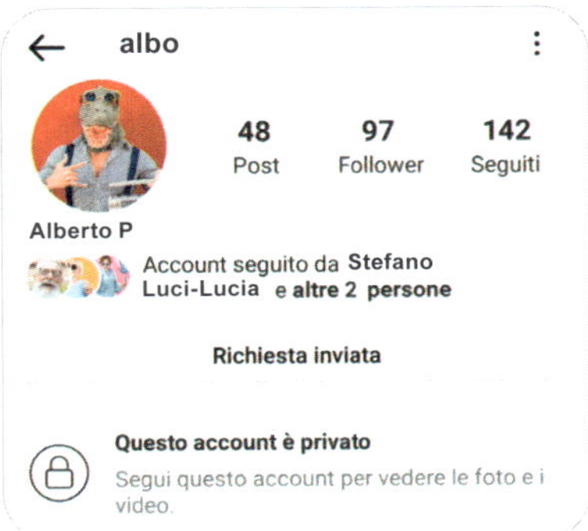

- **Profilo chiuso:** Non possiamo vedere nessun contenuto pubblicato dall’utente, in quanto prima deve accettare il nostro “follow”. Dobbiamo, quindi, premere il tasto blu Segui” e aspettare (“Richiesta inviata”).

Parole chiave

- **Follower:** sono gli utenti che per conoscenza, amicizia o affinità di interessi hanno deciso di iniziare a seguirci.
- **Following:** o “Seguiti”, sono le persone che abbiamo scelto di seguire noi, quelli che in qualche modo troviamo interessanti, ci ispirano o pensiamo abbiano “qualcosa da mostrare”.

Ricorda: A differenza di Facebook dove se non viene accettata l'amicizia non si è in contatto, qui possiamo seguire ma non essere seguiti e viceversa.

"Defolloware" e bloccare un utente

Può capitare che il comportamento di un altro utente di Instagram ci infastidisca con commenti che riteniamo inappropriati o con un utilizzo scorretto del social. Possiamo dunque:

- Togliere il seguito, ovvero **"defolloware"** (o "unfolloware", italianizzazione del verbo inglese *unfollow*, "non seguire"). Per farlo, una volta dentro la pagina dell'utente, tocchiamo il tasto "Segui già" e scegliere "Non seguire più".

Selezionando "Applica restrizioni", invece, potremo limitare alcune interazioni tra il nostro profilo e quello della persona interessata.

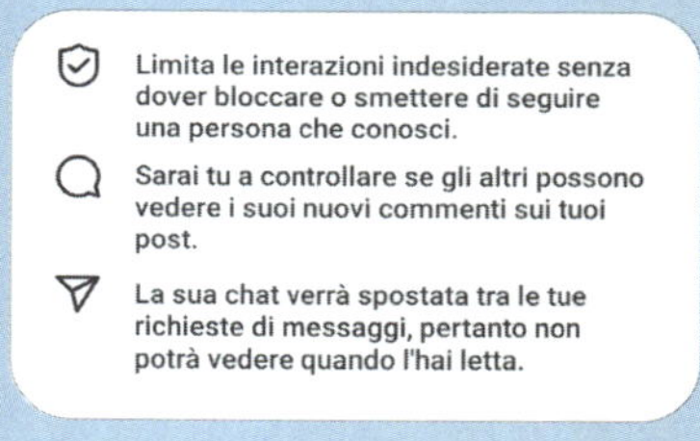

- **"Bloccare"** il profilo, ovvero evitare che entri ancora in contatto con noi e con quello che pubblichiamo. Per farlo, una volta dentro la pagina dell'utente, tocchiamo il "Menu" (l'icona con i tre puntini accanto) e poi scegliere "Blocca". In caso cambiassimo idea, possiamo sempre "Sbloccare" il profilo.

Attenzione ai falsi profili!

Facciamo molta attenzione agli account falsi su Instagram. Li possiamo individuare perché con nomi strani o per non aver postato alcun contenuto. Evitiamo di assecondare qualsiasi loro richiesta! Inoltre per i **personaggi pubblici** esiste l'opzione "Account verificato", che certifica la loro autenticità con una spunta blu.

Pubblicare un post (foto)

La funzionalità più utilizzata di Instagram è proprio quella relativa alla pubblicazione di foto o video attraverso i post (→ **per approfondire vedere pagina 75**). Farlo è semplice! Vediamo alcune semplici mosse per postare anche noi un contenuto.

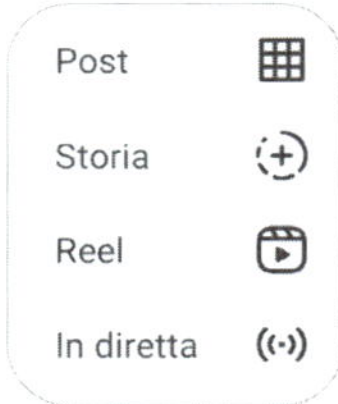

1. Nella sezione "Feed", dobbiamo premere il tasto "+", in alto a destra, e si aprirà una finestra dove potremo scegliere il tipo di contenuto che vogliamo pubblicare; in questo caso schiacciamo **"Post"**.

2. Si aprirà, così, una pagina dove sarà possibile selezionare il contenuto multimediale (foto o video) dalla galleria del nostro smartphone. Basterà toccare l'immagine che ci interessa e successivamente premere la freccia in alto a destra per proseguire.

* **È possibile selezionare più elementi tenendo premuto il dito su una delle immagini e poi toccando le altre; oppure toccando il simbolo a destra.**

* **Schiacciando invece verrà aperta la fotocamera per scattare al momento una foto o registrare un video.**

3. Dopo aver selezionato il contenuto (una foto in questo caso), verrà aperta la sezione dedicata all'editing, dove sarà possibile migliorare l'immagine. In un primo momento potremo scegliere di applicare alla nostra foto alcuni **"Filtri"** proposti da Instagram.

I filtri

Instagram ci permette di applicare ben 24 filtri all'immagine. Li troviamo disposti in sequenza nella parte bassa dello schermo, ma possiamo riordinarli a nostro piacimento (magari mettendo per primi quelli che usiamo più spesso) tenendoli premuti e spostandoli col dito.
Sceltone uno possiamo anche variare la sua intensità, basterà toccare nuovamente la sua icona e si aprirà una barra dove indicare la nostra preferenza.

4. Sempre nella pagina dedicata all'editing foto troviamo la sezione **"Modifica"**; al suo interno possiamo regolare ulteriori parametri per rendere migliore l'immagine. Trascinando il dito sullo schermo possiamo scoprire tutte le opzioni e toccandone ognuna aprire la finestra dedicata alla sua regolazione. Una volta soddisfatti possiamo schiacciare la freccia blu in alto a destra e proseguire.

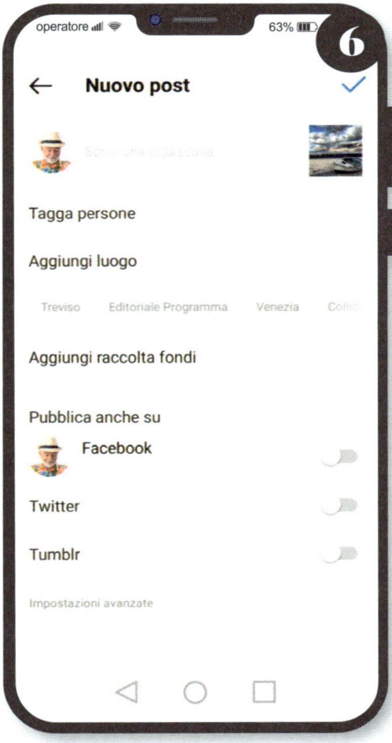

5. Eccoci arrivati all'ultimo passaggio prima della pubblicazione del nostro post. In questa sezione potremo arricchire la nostra foto con ulteriori informazioni (non necessarie).
   - **Scrivi una didascalia:** Possiamo associare alla nostra immagine un testo che descriva meglio il momento o anche un semplice pensiero.
   - **Tagga persone:** Cliccandoci sopra avremo la possibilità di associare all'immagine il nome di un profilo Instagram.
   - **Aggiungi luogo:** Per geolocalizzare dove è stata scattata la foto.
   - **Pubblica anche su:** Permette di condividere automaticamente il post anche su altre applicazioni, come Facebook. Per farlo, ricordiamoci di collegare i profili delle due app.
6. Premendo il simbolo con la spunta blu in alto a destra, pubblicheremo il nostro post, che potremo vedere all'interno della nostra "Pagina personale" e nel "Feed".

*** Ricorda: Prima della pubblicazione potremo sempre cambiare idea e tornare al passaggio precedente per apportare ulteriori modifiche alla foto, cambiare immagine o abbandonare il post.**
È inoltre possibile salvare il post per riprenderlo in un altro momento. Tornando indietro, infatti, ci apparirà una finestra dove sarà possibile "Salvare la bozza" oppure "Eliminare" definitivamente il contenuto. Potremo ritrovare l'immagine con tutte le modifiche già apportate dentro alla sezione "Bozze", presente accanto a "Galleria" al momento della selezione dei file multimediali (→ vedere pagina 81).

Ecco pubblicato il nostro post! Potremo modificare alcune informazioni in qualsiasi momento (ma non editare ancora l'immagine) premendo i tre puntini del **"Menu"** in alto a destra.

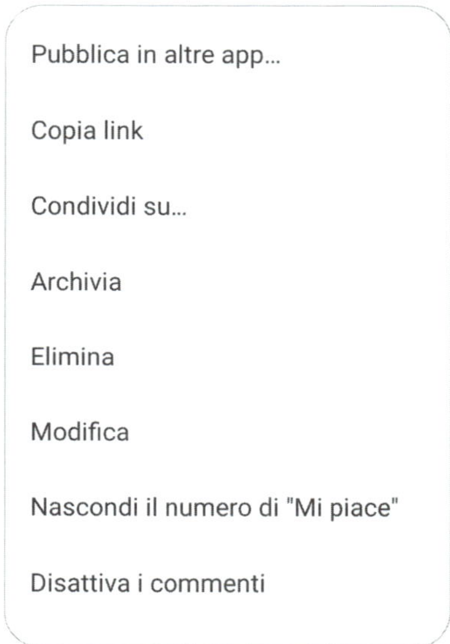

*** Ricorda: Anche dentro alla nostra "Pagina personale" troviamo l'icona "+" per pubblicare un post.**

Gli hashtag

Alla didascalia di un post possiamo aggiungere i cosiddetti **hashtag**, identificati dal segno grafico del "cancelletto" (#).

Di che cosa si tratta? Sono **parole chiave**, precedute dal simbolo "hash" (#), che si attribuiscono alle foto per fare in modo di raggrupparle in medesime tipologie di argomenti.

Il termine hashtag nasce dall'unione di due diverse parole: *hash*, che significa "cancelletto" (quello usato sulle tastiere); e *tag*, che in italiano si traduce con "etichetta", intesa come "parola chiave" associata a qualcosa.

Il concetto di hashtag nasce proprio dall'esigenza di creare etichette specifiche in grado di esprimere un'idea, un modo di dire. Per esempio il tag **#picoftheday**, diventato ormai famoso, è usato per la pubblicazione della foto migliore della propria giornata.

Il massimo numero utilizzabile è 30.

Non è necessario scriverli subito, si possono anche aggiungere nei commenti successivi alle foto che postiamo.

Pubblicare un video

La pubblicazione di un video segue più o meno gli stessi passaggi di quelli appena presentati per postare una fotografia. La differenza sta nella sezione dedicata all'editing: rimane la possibilità di aggiungere i **"Filtri"**, ma al posto di "Modifica" troviamo **"Taglia"**, che ci permette di scegliere la durata del filmato.

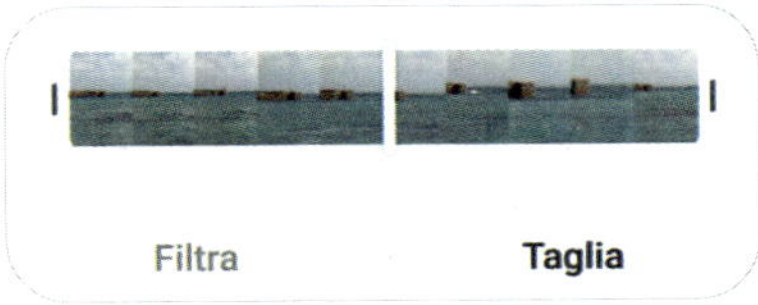

Pubblicare una "Storia"

Un'altra funzionalità molto usata di Instagram è quella che permette di realizzare le cosiddette **"Storie"**, cioè dei contenuti multimediali, composti sempre da foto, video o scritte, che restano visibili soltanto per 24 ore.

Per pubblicare una "Storia" possiamo toccare in alto a destra il tasto "+" (usato anche per i posta) e scegliamo l'opzione **"Stories"**. Ci sono, però, un altro paio di modi molto semplici e immediati per accedere a questa sezione; si trovano sempre nel nostro "Feed": possiamo toccare in alto a sinistra la nostra foto profilo con sotto la scritta "La tua storia" (solo se non abbiamo già "Storie" attive); oppure trascinare lo schermo verso destra (come vediamo nell'immagine qui sotto).

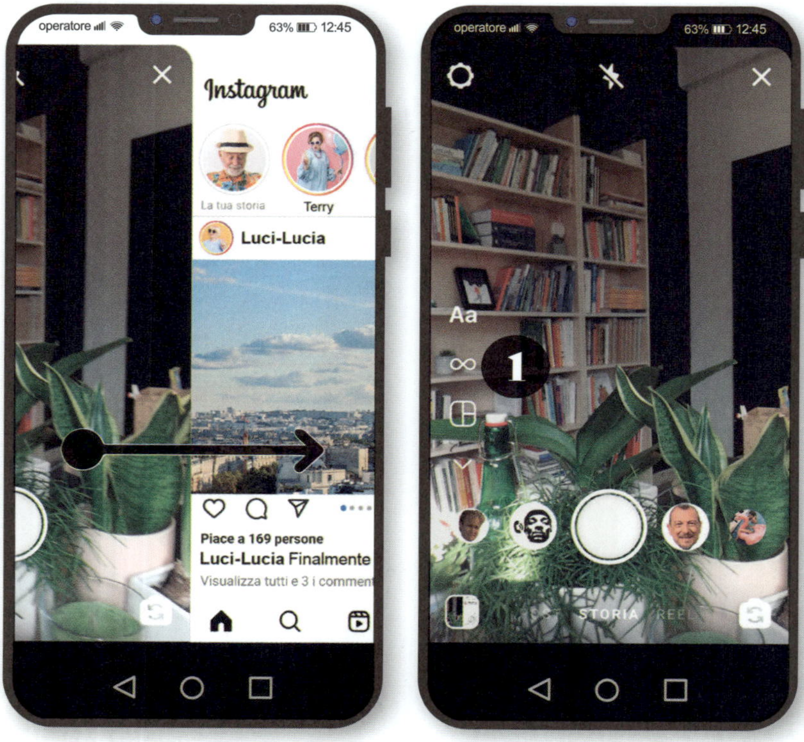

Entrati nella sezione dedicata non ci resta che decidere che tipo di "Storia" vogliamo pubblicare. Ovviamente le possibilità sono davvero tante, quindi il modo migliore per scovarle tutte le opzioni che Instagram ci offre è buttarsi e sperimentare!

1 **Ricorda: Sulla parte sinistra dello schermo troviamo una serie di simboli, ognuno dei quali ci permette di creare "Storie" di diverso tipo. Per vedere tutte le opzioni basta premere la freccetta in basso. Per esempio, dobbiamo schiacciare "Aa" se vogliamo condividere solo un pensiero attraverso una frase: questa opzione infatti ci propone sfondi colorati e lo spazio per digitare.**

Mettiamo il caso di voler pubblicare una "Storia" con un'immagine...

- Possiamo scegliere se scattare al momento la foto, inquadrando il soggetto e premendo il pulsante bianco in basso al centro (tenendolo premuto registreremo un video; ricorda: la durata massima sono 15 secondi); oppure potremo caricare una foto (o un video) dalla galleria del nostro cellulare. Per farlo basterà appoggiare il dito sullo schermo e trascinarlo verso l'alto (come vediamo nell'immagine qui accanto); compariranno così una serie di immagini che potremo selezionare.

- Scelta l'immagine possiamo procedere ad arricchire la nostra "Storia" con ulteriori personalizzazioni. Vediamone alcune premendo le varie icone presenti sullo schermo.

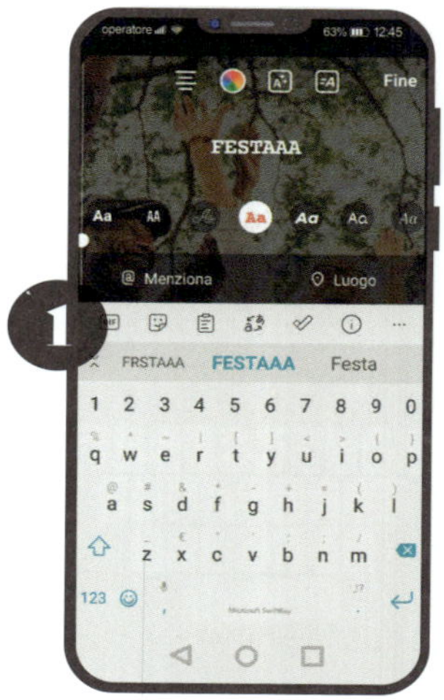

1. La **prima icona** ci permette di inserire un piccolo testo, scegliendone lo stile, il colore, la dimensione e altri effetti. Trascinandolo sullo schermo potremo anche decidere dove posizionarlo.

2. La **seconda icona** apre una finestra con diverse possibilità. Possiamo scegliere di inserire degli stiker (una vasta scelta si trova in basso, se scendiamo sullo lo schermo), anche animati (**"Gif"**); oppure decidere di comunicare una posizione geografica (**"Luogo"**) o porre un quesito (**"Domande"** e **"Quiz"**); possiamo addirittura scegliere una colonna sonora che accompagni la visione delle "Storia" (**"Musica"**)... Insomma, sbizzarriamoci per rendere unico, personale e rappresentativo il nostro contenuto .

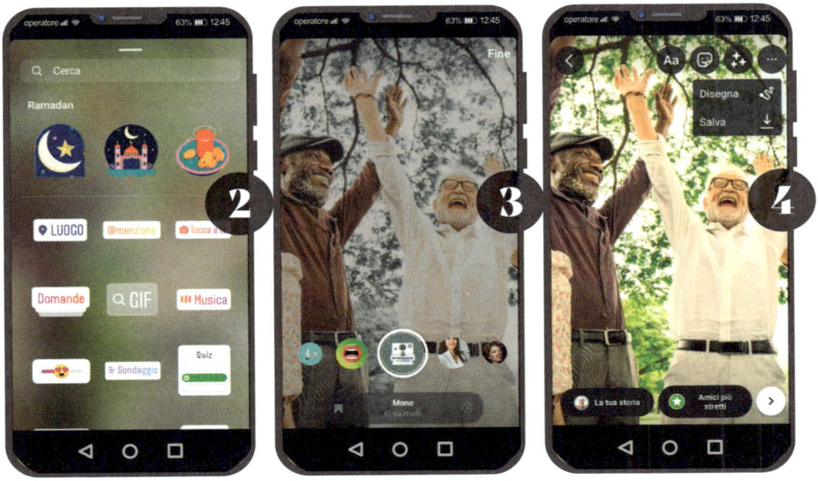

3. La **terza icona** ci permette di applicare dei filtri alla nostra foto. La scelta è davvero vasta: possiamo optare per un semplice viraggio di colore oppure decidere per qualcosa di più divertente!

4. La **quarta icona** offre due azioni: **"Disegna"** per tracciare col il dito linee colorate sullo schermo; **"Salva"** per poter scaricare sul nostro telefono l'immagine modificata e magari postarla in un secondo momento.

- Al termine delle modifiche, per pubblicare la "Storia", tocchiamo **"La tua storia"**.

* **Ricorda: Anche nelle "Storie" possiamo taggare un amico, basterà inserire un testo con il suo nome-Instagram preceduta dal simbolo della chiocciola "@" (esempio: @Stefano, @Fra58, @Terry...).**

Se non siamo convinti della "Storia" che abbiamo appena creato possiamo sempre tornare indietro ed eliminare il contenuto. Prima di uscire ci apparirà la finestra dove potremo scegliere l'opzione che preferiamo.

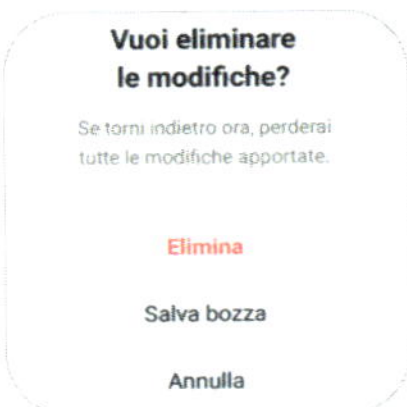

Una volta pubblicata, è comunque ancora possibile gestire alcune opzioni.

1. Possiamo condividere la "Storia" tramite altre applicazioni.
2. Possiamo postare il contenuto anche nelle nostre "Storie" di Facebook.
3. Anche se le "Storie" durano solo 24 ore, non scompaiono per sempre, le possiamo, infatti, ritrovare in "Archivio", dentro a "Impostazioni" (dove le vediamo solo noi), oppure renderle sempre visibili a tutti salvandole tra le "Storie in evidenza" presenti nel nostro profilo.
4. Un piccolo **"Menu"**, poi, ci permette, per esempio di salvare il video oppure di eliminarlo.

Inviare un messaggio diretto

Instagram permette anche di inviare messaggi diretti alle persone con cui vogliamo dialogare come su Facebook Messenger.

Nel "Feed", in alto a destra, tocchiamo l'icona dell'aeroplanino per aprire la pagina dove cercare il profilo con cui vogliamo avviare la conversazione.

Possiamo cercarlo digitandone il nome nell'apposito spazio oppure selezionarlo tra le chat giù presenti.

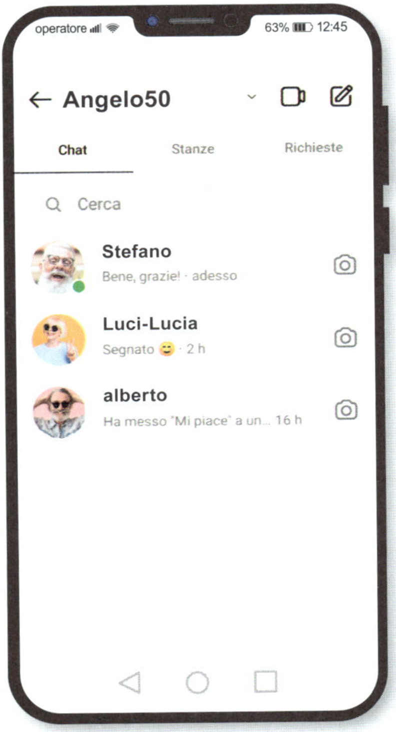

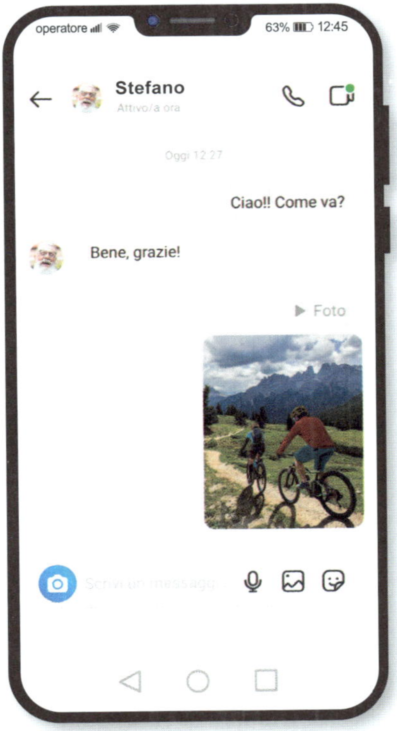

Effettuata la scelta, schiacciamo la sua immagine e ci troveremo all'interno dello spazio per chattare.

Qui potremo iniziare a scrivere (“**Scrivi un messaggio**”), inviarle video o foto (icona con “**macchina fotografica**” per scattare al momento; icona con “**quadretto**” per scegliere un contenuto multimediale dalla galleria dello smartphone) che resteranno privati. Si possono inviare anche messaggi vocali (icona con “**microfono**”), proprio come avviene su WhatsApp, ed effettuare chiamate e videochiamate (icone in alto a destra)!

Ricorda: Le foto scattate direttamente dalla chat saranno soltanto temporaneo, ovvero il ricevente le potrà visualizzarle solo due volte, dopodiché il contenuto non sarà più accessibile. Per renderlo sempre visibile bisogna allegare l'immagine dalla “Galleria”.

3.

LinkedIn

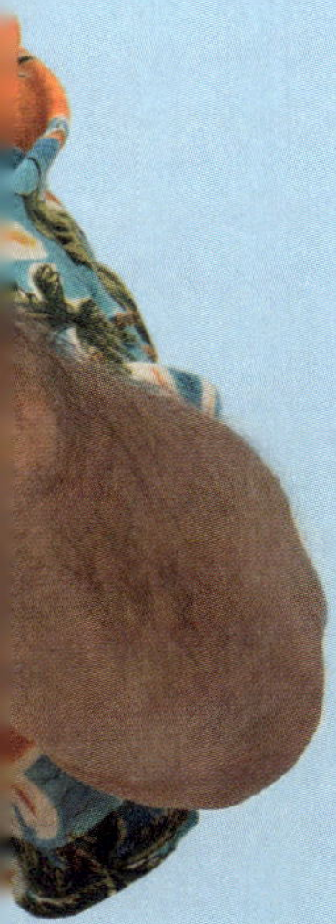

“ Devi costantemente reinventare te stesso e investire sul tuo futuro.

Reid Hoffman

LinkedIn è il social network più diffuso in ambito business ed è utilizzato dai privati per la **ricerca di lavoro** e dalle aziende per la ricerca di personale. Averlo può rivelarsi molto utile se vogliamo rimanere al passo con ciò che succede all’interno del “mondo del lavoro”, prendere contatti in caso stessimo cercando un nuovo impiego e, perché no, se non lavorassimo più, rimanere comunque aggiornati sulle novità.

Questa piattaforma è nata prima di Facebook e Twitter, nel 2002, anche se il vero e proprio lancio è avvenuto nel 2003. Tradotto in italiano il nome significa “collegato con” dall’unione dell’aggettivo “linked” e della preposizione “in” (scritta con l’iniziale maiuscola).

Chi si iscrive a LinkedIn lo fa infatti per stringere relazioni con altri utenti e restare in contatto dal punto di vista lavorativo: per far questo vengono pubblicati contenuti che hanno valore nella sfera professionale.

È stato fondato da **Reid Hoffman** (che all'epoca lavorava nel Consiglio di amministrazione di grandi aziende come Apple, Google, Paypal e Ebay) e alcuni colleghi. La piattaforma si è sviluppata a rilento e il numero di utenti, sia privati che aziende, è cresciuto nel corso degli anni grazie ad alcuni miglioramenti che sono stati via via realizzati: nel 2005 sono stati proposti alle aziende i servizi Premium e altre opzioni a pagamento per aiutarle a selezionare meglio nuovi dipendenti o collaboratori; mentre nel 2012 la piattaforma è stata resa più semplice e intuitiva, e per questo il numero di iscritti a livello mondiale – si tratta di milioni di utenti – è cresciuto sempre di più.

LinkedIn è stato comprato da Microsoft nel 2016: Reid Hoffman e Bill Gates hanno così unito le forze per dare vita al social network in assoluto più usato in campo lavorativo.

Creare l'account

Per creare il proprio account LinkedIn è necessario scaricare l'applicazione per Android dal Play Store, così come per gli altri social network di cui abbiamo parlato, e seguire alcuni semplici passaggi.

1. Avviando l'applicazione avremo due possibilità: accedere (tasto blu in basso) o iscriverci. In quest'ultimo caso potremo farlo inserendo la nostra mail o associando il nostro account Google se ne abbiamo uno.

2. Clicchiamo sul pulsante **"Iscriviti ora"**, e inseriamo e-mail, password e premiamo su **"Accetta e iscriviti"**.

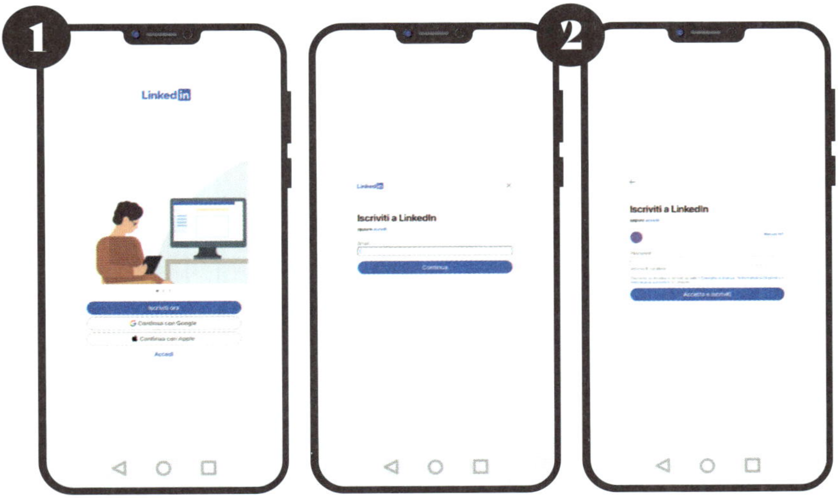

Verifica e controlli

Se decidessimo di accedere con una e-mail diversa da quella dell'account Google, per verificare la nostra identità potrebbe essere necessario effettuare un **controllo tramite un codice di verifica**:

- Mettiamo il segno di spunta alla voce "Inviami un messaggio di testo" per ricevere il codice via SMS o accanto all'opzione "Chiamami al numero di telefono" per ricevere una chiamata (in quest'ultimo caso inseriamo il numero di telefono nel campo "Numero di telefono" e clicchiamo sul pulsante "Invia codice").

- Inseriamo il codice ricevuto nel campo "Codice di verifica" e clicchiamo sul pulsante "Verifica codice" per completare la procedura.

* **Attenzione: L'applicazione è in costante aggiornamento, perciò alcuni passaggi potrebbero differire leggermente tra una versione e l'altra.**

Proseguiamo, ed eccoci arrivati al momento della personalizzazione dei nostri dati. Rispondiamo "No" alla domanda "Sei studente?", inseriamo le informazioni richieste (esempio: Qualifica più recente, Azienda più recente, Paese/Area geografica, CAP... Non è necessario comunicarle tutte adesso: la foto profilo, per esempio, potremo sceglierla in un secondo momento → **vedere pagina 97**) e aggiungiamo i primi contatti suggeriti.

Infine, per completare l'accesso, clicchiamo sul pulsante **"Vai all'email"**, selezioniamo l'email ricevuta da parte di LinkedIn e schiacciamo **"Conferma il tuo indirizzo email"** per attivare l'account.

LinkedIn Premium

Oltre alle funzionalità di base gratuite LinkedIn dà la possibilità di creare un account Premium a pagamento. Questa possibilità è rivolta ai reclutatori, a chi cerca lavoro, ai venditori. Le tipologie di account Premium sono cinque: Account Premium Career (permette l'invio di messaggi diretti a tutti, permette di essere messi in evidenza quando si fa una domanda di lavoro); Sales Navigator (dedicato a chi si occupa di vendite, consente di pianificare la strategia per concludere affari); Recruiter Lite (dedicato ai reclutatori, permette di vedere sia chi ha visualizzato il profilo sia i profili completi delle persone, di inviare messaggi diretti a tutti); Premium Business (dà la possibilità di vedere chi ha visualizzato il profilo e i profili completi delle persone con le quali non si è connessi, permette di inviare messaggi diretti a tutti); LinkedIn Learning (consente di accedere a corsi tenuti da esperti e ottenere un certificato che attesti le abilità conseguite). Se riteniamo che uno di questi account possa esserci utile possiamo attivare la funzionalità premium in prova gratuita per 30 giorni.

Profilo personale

Cos'è il profilo personale su LinkedIn? Il profilo personale serve per far sapere agli altri iscritti chi siamo, quindi le informazioni di base che inseriamo sono molto importanti ma non dobbiamo pensare che sia una trasposizione del nostro curriculum vitae online.

Vediamo subito come personalizzarlo! Aprendo l'applicazione ci troveremo dentro alla sezione "Home", che approfondiremo più avanti (→ **vedere pagina 106**); per ora ci basta prestare attenzione alla parte alta dello schermo: in alto a destra vediamo un pallino con all'interno una sagoma. Cliccandoci sopra si aprirà una finestra con varie opzioni, tra cui **"Visita profilo"** ci permetterà di raggiungere la nostra area personale.

- Nella parte alta della pagina troviamo lo spazio per inserire due immagini: sono le **foto profilo** (possiamo scegliere una grande come sfondo per descriverci dal punto di vista lavorativo e una piccola di noi stessi nel cerchio a sinistra).

Ricorda: Alla foto profilo piccola, cliccando sul simbolo +, possiamo aggiungere una cornice per indicare se siamo alla ricerca di lavoro (verrà inserito un bordo verde con la scritta #OpenToWork) oppure se stiamo assumendo personale (verrà inserito un bordo viola con la scritta #Hiring). Possiamo inoltre aggiungere una "Storia" di copertina, ovvero presentarci attraverso un video di 30 secondi registrato con il cellulare.

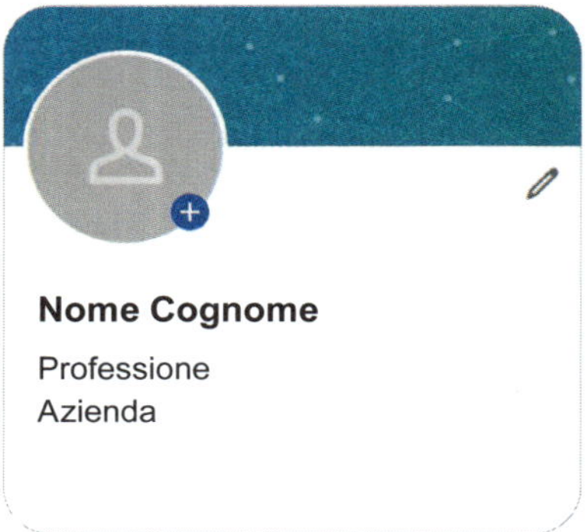

- Poco sotto le foto troviamo lo spazio per modificare i nostri **"Dati"**. Premiamo l'icona della matita e procediamo.

> *** Ricorda: Per modificare una sezione basta premere il simbolo con la "matita".**

Scriviamo quindi il nostro **nome e cognome** accompagnato dal nostro titolo professionale e scegliamo delle parole chiave utili a farci trovare nel caso in cui quel determinato argomento dovesse essere cercato. Per esempio, se abbiamo lavorato nel campo della comunicazione possiamo utilizzare le parole "Giornalista, scrittore, blogger" per sottolineare le nostre competenze e mostrare qual è stata la nostra carriera. Il **titolo professionale** è, infatti, un campo che, insieme al nome, viene mostrato su LinkedIn nei risultati di ricerca.

Se abbiamo un nome o cognome difficili da pronunciare possiamo anche includere nel profilo la registrazione della corretta pronuncia che gli altri utenti possono ascoltare facendo clic sull'icona dell'altoparlante. Questa funzione consente anche di poter sentire la voce altrui come se ci si stesse presentando di persona.

Passiamo poi a inserire le **informazioni di contatto**, ovvero le informazioni che desideriamo condividere con altri professionisti, per esempio i nostri profili sugli altri social network, il telefono e l'indirizzo email.

Una volta completati tutti i campi premiamo **"Salva"** e torniamo sulla pagina del nostro profilo.

Scorrendo verso il basso con il troveremo **altre sezioni da completare**. Vediamo le più importanti:

- **Informazioni:** in questo spazio possiamo inserire un breve testo che ci descriva, una sorta di presentazione delle esperienze professionali e delle competenze acquisite; è una parte molto importante perché qui possiamo scegliere quali delle nostre caratteristiche mettere in luce, pensando a come ci presenteremmo di persona se ci chiedessero chi siamo e che cosa abbiamo fatto lavorativamente nella nostra vita.

- **Esperienza:** elenchiamo le nostre esperienze professionali dalla più recente alla meno recente. Le posizioni lavorative passate che inseriamo consentono al social network di determinare le parole chiave adatte per suggerirci delle connessioni utili in base alle nostre competenze, interessi ed esperienze professionali. Possiamo utilizzare le parole chiave nei titoli e nelle descrizioni delle posizioni lavorative ed è sempre bene non abusarne. Ad ogni esperienza lavorativa possiamo poi aggiungere file multimediali, ovvero collegamenti a documenti esterni, foto, siti, video o presentazioni per rafforzare le nostre competenze in determinati settori.

- **Formazione:** dove scriviamo i nostri titoli di studio mentre nella sezione.

- **Licenze e certificazioni:** qui possiamo inserire eventuali certificati ottenuti frequentando per esempio corsi di lingue o corsi professionalizzanti.

- **Volontariato:** dove è possibile indicare se abbiamo avuto esperienze di questo tipo.

- **Competenze:** LinkedIn dà la possibilità di elencare le proprie competenze e di ottenere conferma da parte degli altri utenti (così come noi possiamo farlo per i nostri contatti): avere molte approvazioni aumenta il grado di autorevolezza del nostro profilo professionale.

- **Traguardi raggiunti:** per migliorare il nostro profilo professionale in questa sezione possiamo inserire riconoscimenti o premi ottenuti o pubblicazioni effettuate.

- **Interessi:** qui possiamo indicare quello che ci incuriosisce e ci attrae. Le informazioni sugli interessi permettono di farci conoscere meglio agli altri utenti e sono un modo per creare una relazione sapendo di cosa parlare. Per esempio se siamo interessati ai temi dell'innovazione e della tecnologia possiamo inserire in questa sezione gli influencer o le aziende che riteniamo più attivi in questo campo: gli altri utenti vedranno il nostro elenco.

Eliminare o sospendere l'account

Se a un certo punto decidiamo di non voler più essere presenti sul social network, possiamo **eliminare** il nostro account. Linkedin dà anche la possibilità di **sospendere** temporaneamente l'account per poi riattivarlo. Vediamo come fare.

Per chiudere l'account clicchiamo sulla nostra foto profilo andiamo su **"Impostazioni"** → **"Preferenze account"** → **"Gestione account"** → qui scegliamo **"Chiudi account".**

Indichiamo il motivo per cui abbiamo deciso di chiudere il nostro account, spuntando una delle opzioni disponibili tra "Ho un account duplicato", "Ricevo troppe email", "Ricevo contatti indesiderati", "L'adesione non mi offre alcun vantaggio", "Mi preoccupa la privacy" e "Altro". Andiamo avanti con la procedura, inserendo la password e spuntando l'opzione **"Annulla la mia iscrizione alle comunicazioni via email di LinkedIn, inclusi gli inviti"**, in modo da non ricevere più alcuna email da LinkedIn. Riceveremo poi il messaggio "Abbiamo chiuso il tuo account" e l'account verrà definitivamente eliminato in pochi giorni.

* In caso di ripensamento abbiamo la possibilità di recuperare un account chiuso entro 14 giorni dalla data di cancellazione: questa funzione è però disponibile solo da computer.

Se invece sappiamo di non voler chiudere il nostro account ma abbiamo deciso di sospenderlo per un periodo possiamo farlo: tuttavia anche questa funzione è disponibile da computer.

Le sezioni

Oltre al nostro "Profilifo", anche LinkedIn, come gli altri social che abbiamo già conosciuto, presenta una serie di sezioni, le cui icone sono tutte disposte in fila nella parte bassa dello schermo, all'avvio dell'applicazione.

Home: Che potrebbe anche essere identificata come "Sezione Notizie". Qui troviamo i post pubblicati dai vari account.

La mia rete: Dove possiamo trovare nuovi profili con cui collegarci e gestire quelli con cui siamo già in contatto.

Pubblica: qui possiamo pubblicare un nostro post.

Notifiche: dove riceviamo avvisi e notizie circa i profili che seguiamo.

Offerte di lavoro: dove poter trovare avvisi di offerte lavorative suggerite da LinkedIn in base ai nostri dati.

La barra in alto

Prima di proseguire approfondendo le varie sezioni appena elencate, è bene soffermarci un attimo sulla barra presente nella parte alta dello schermo. L'abbiamo già introdotta parlando del proprio "Profilo" (→ **vedere pagina 97**); ora cerchiamo di capire tutte le possibilità che ci offre.

*** Ricorda: La barra rimane fissa anche quando cambiamo sezione.**

Gli elementi che ritroviamo dentro la barra sono 3. Vediamo meglio le loro funzioni:

1. **Foto profilo:** cliccandoci sopra si aprirà un **"Menu"** a tendina dove sarà possibile gestire diversi aspetti del profilo: premendo nuovamente sulla nostra immagine o cliccando su "**Visita profilo**" potremo accedere alla nostra pagina personale; poco sotto avremo accesso alle **"Impostazioni"** (→ **vedere pagina 104**), dove potremo tenere sotto controllo il nostro account, e alle sezioni dedicate ai **"Gruppi"** (→ **vedere pagina 109**) e agli **"Eventi"** (→ **vedere pagina 105**). Cliccando su **"Scopri di più"**, poi, avremo una serie di suggerimenti sui profili di tendenza seguiti da altri utenti.

2. **Cerca:** al centro troveremo uno spazio dedicato alla ricerca di contenuti. Premendoci sopra avremo modo di digitare la nostra parola chiave (potrebbe essere il nome di un altro utente, il nome di un "Gruppo" o anche un argomento) e scegliere tra le proposte che compariranno in elenco. Per facilitare la ricerca, poi, potremo selezionare tra le varie categorie disposte in fila sotto lo spazio per il testo

3. **Messaggi diretti:** anche LinkedIn prevede la possibilità di inviare messaggi privati ai nostri collegamenti; cliccando il simbolo dei tre puntini orizzontali, si aprirà la pagina dedicata alla **"Messaggistica"**, con la lista delle chat attive.
In alto a destra, se premiamo sul simbolo della matita, si aprirà la finestra dedicata alla creazione di un nuovo messaggio. A questo punto inseriamo il nome di uno o più destinatari e scriviamo il testo. Cliccando sul "+" possiamo inoltre allegare un documento, una foto o un video.

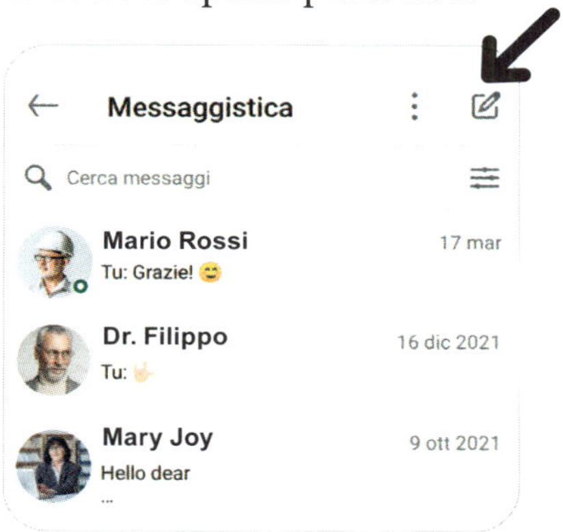

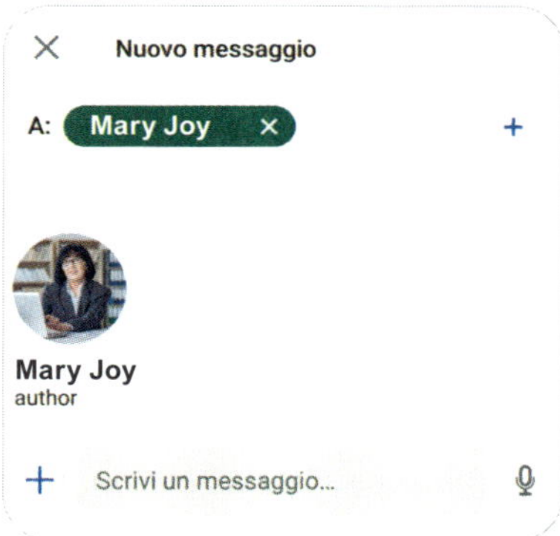

Ricorda: Possiamo gestire le varie chat, eliminandole o archiviandole, cliccando il simbolo dei tre puntini in alto a destra.

✱ Ricorda: Possiamo inviare un messaggio a un altro utente anche andando sulla pagina del suo profilo e cliccando sul bottone "Messaggio" sotto l'immagine del profilo.

✱ Ricorda: Possiamo inviare messaggi solo ai nostri collegamenti e inviare richieste di messaggi ai membri dei Gruppi di cui facciamo parte. Se non siamo collegati con un utente ma vogliamo comunque inviargli un messaggio possiamo farlo attraverso i messaggi InMail (funzione Premium).

Impostazioni

è bene ricordare, così come abbiamo visto nelle altre applicazioni che anche LinkedIn presenta una sezione dedicata alle "Impostazioni", dove è possibile gestire il nostro account e scegliere alcune preferenze.

Per accederci ci sono due modi:

- Toccare la nostra immagine profilo nella "Home" e accederci dalla finestra che compare.
- Dalla nostra pagina profilo premere l'icona con la "rotella" in alto a destra.

Verrà poi aperto un elenco di opzioni dove ogni voce ci permetterà di aprire nuove finestre dove inserire le nostre preferenze.

Nella parte bassa della pagina troviamo, poi, anche la possibilità di disconnetterci dall'account, premendo **"Esci"**.

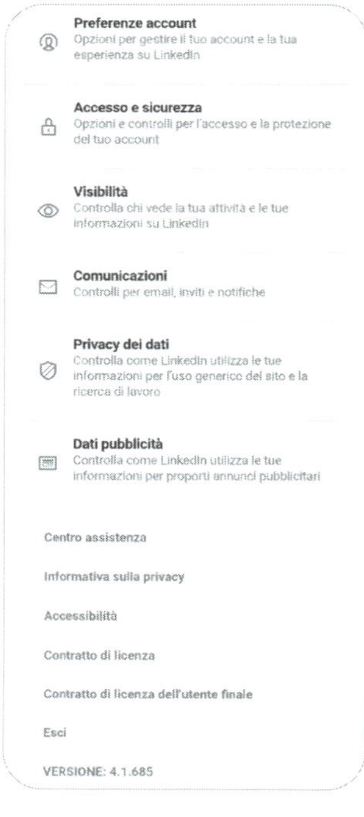

Gli eventi

Come per Facebook anche su LinkedIn è possibile creare degli eventi, ovvero incontri di tipo professionale per far crescere la propria rete di contatti e per instaurare legami nel mondo reale.

Possiamo **creare un evento** andando sulla nostra immagine profilo (in alto a sinistra, sulla barra) e cliccando su **"+ Crea evento"**, sotto la voce "Eventi". A questo punto dobbiamo inserire le varie informazioni richieste:

- **Foto**;
- **Nome** dell'evento;
- **Data e ora**;
- **Descrizione** in cui siano specificati argomento, programma, relatori...

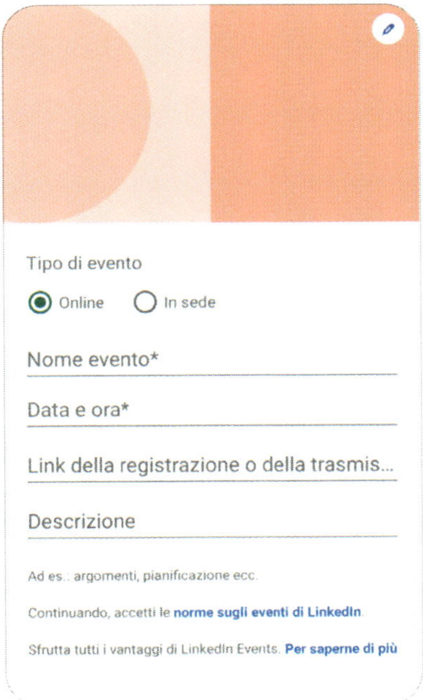

L'evento può essere "Online", oppure "In sede". A seconda di quale opzione selezioneremo, dovremo inserire poco sotto il **"Link"** per poter partecipare all'evento "via schermo" oppure l'**"Indirizzo"** e la "Sede" di dove si svolgerà l'incontro.

Ricorda: L'evento potrà essere "Pubblico" (cioè visibile e aperto a tutti su LinkedIn) o "Privato" (cioè visibile e aperto solo alle persone invitate).

Dopo aver creato un evento avremo poi la possibilità di visualizzarlo, modificare le informazioni e invitare i contatti a partecipare.

Home

All'avvio dell'applicazione la prima pagina che visualizzeremo è la cosiddetta "Home", la sezione dove troveremo pubblicati i post condivisi dagli utenti della nostra rete di collegamenti.

Per vederle tutte basterà scendere sullo schermo, un po' come abbiamo visto per le sezioni "Feed" di Facebook e Instagram.

Oltre a leggere notizie e informazioni, qui potremo anche interagire con i contenuti postati. Come? Sotto ogni pubblicazione possiamo vedere **4 tasti:**

- **Consiglia:** funziona come il "Like" di Facebook; lo usiamo per far sapere all'autore che abbiamo apprezzato il suo post. Inoltre, tenendo premuta l'icona possiamo scegliere una tra le diverse reaction proposte.
- **Commenta:** permette di lasciare un messaggio direttamente sotto al post.
- **Condividi:** permette di pubblicare il contenuto all'interno di un nostro post.
- **Invia:** permette di inviare il post a un nostro contatto tramite messaggio privato.

La mia rete

Quella che LinkedIn chiama "La mia rete" è la parte dell'applicazione dove si trovano tutti i nostri contatti e non c'è un limite numerico ai collegamenti.

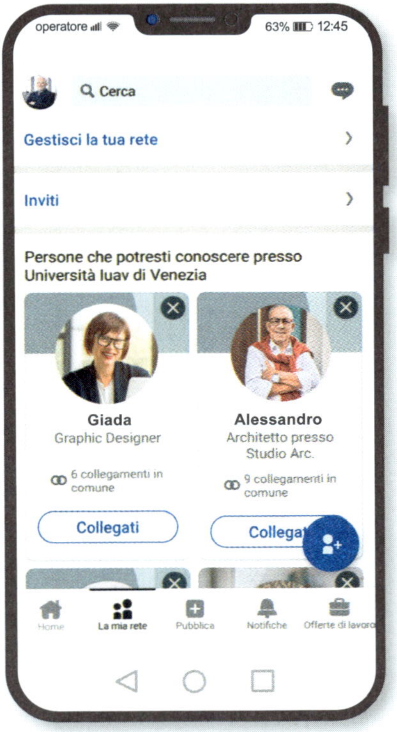

Come si fa ad entrare in contatto con gli altri utenti? Quando creiamo il nostro profilo possiamo aggiungere persone che conosciamo o con le quali abbiamo lavorato, cercandole sul social network (digitando il nominativo su "Cerca", in alto nella pagina "Home" → **vedere pagina 106**) e inviando una richiesta di collegamento. Ma per aggiungere persone possiamo anche usare i suggerimenti di LinkedIn andando sull'icona "La mia rete".

Ricorda: La richiesta di collegamento resterà in sospeso fino a quando sarà accettata dalla persona alla quale l'abbiamo inviata: le richieste di collegamento inviate o ricevute sono chiamate "Inviti".

Se troviamo un pallino rosso in alto a destra sull'icona "La mia rete" significa che abbiamo ricevuto un "Invito": qualcuno ha fatto richiesta di collegarsi a noi, possiamo quindi decidere se accettare o rifiutare, valutando il profilo dell'utente e i collegamenti che abbiamo in comune.

Ricorda: Il consiglio è quello di costruire una rete di contatti coerente con i propri interessi.

Una volta creata la nostra rete di contatti questi saranno classificati secondo la diversa tipologia:

- **Contatti di primo grado:** le persone presenti nella nostra rete.
- **Contatti di secondo grado:** le persone con le quali abbiamo collegamenti in comune.
- **Contatti di terzo grado:** le persone che fanno parte della rete dei nostri contatti di secondo grado.

Durante la navigazione su LinkedIn potremo leggere i vari post pubblicati (vedremo più avanti che cosa sono) e sapere la tipologia di collegamento degli utenti che li hanno scritti semplicemente verificando il numero indicato accanto al nome (1°, 2°, 3° e oltre).

Collegarsi con il Codice QR

Se abbiamo fatto una nuova conoscenza di persona e vogliamo entrare in contatto con lei anche su LinkedIn, un modo semplice per farlo è scansionare il Codice QR: per trovarlo basta andare sulla **"Home"** → cliccare su **"Cerca"** → e, sulla pagina che si aprirà, premere l'**icona con il "quadrato"** in alto a destra. Da qui possiamo inviare il nostro codice o scansionare quello altrui.

I Gruppi

I "Gruppi" su LinkedIn mettono in collegamento gli utenti su un determinato argomento o settore: gli **iscritti** condividono post e discutono su aspetti inerenti al tema specifico.

Per trovare un "Gruppo" su un settore di nostro interesse possiamo scrivere nella barra di ricerca una parola chiave (per esempio "sostenibilità"), premere su "Gruppi" poco sotto e ottenere un elenco di suggerimenti coerenti con il nostro interesse. Un altro modo per trovare un "Gruppo" è quello di andare nella sezione **"La mia rete"** e cercare tra i suggerimenti indicati da LinkedIn. Oppure possiamo visitare la sezione **"Interessi"** di un utente per noi interessante e guardare a quali Gruppi è iscritto.

Una volta trovato un "Gruppo" di nostro interesse **come possiamo farne parte?** Semplicemente cliccando sul bottone **"Iscriviti"** e attendendo che la richiesta sia accettata. Una volta entrati a far parte di un gruppo, possiamo utilizzarlo, come abbiamo visto, per connetterci con gli altri utenti e far crescere la nostra rete di contatti. Possiamo pubblicare contenuti e commentare quelli pubblicati dagli altri iscritti. Possiamo inoltre utilizzarlo per condividere i nostri aggiornamenti di stato.

Se vogliamo creare un nostro "Gruppo" su LinkedIn possiamo farlo facilmente andando su **"La mia rete"** → **"Gestisci la tua rete"** → **"Gruppi"** → **"Crea"**: inseriamo un logo, una foto copertina, un nome del "Gruppo" e compiliamo la descrizione (spieghiamo di cosa parla il Gruppo e quali sono le finalità). Aggiungiamo poi i settori di riferimento, massimo 3.

> * **Ricorda: Spuntiamo la voce "Elencato" in modo che il "Gruppo" possa essere trovato attraverso la funzione "Cerca" e altri utenti possano iscriversi. Se spuntiamo invece "Non elencato", l'unico modo per farne parte sarà ricevere un invito dal proprietario o da un utente già iscritto e autorizzato.**

Pubblica

I **post** su LinkedIn sono il mezzo attraverso il quale dare valore al proprio profilo, innescare discussioni ed entrare così in contatto con gli altri utenti. A differenza di Facebook su LinkedIn non vengono pubblicati post che descrivono attività personali, familiari, ludiche o simili: è bene tenere a mente che si tratta di un social network utilizzato in ambito lavorativo e quindi i contenuti che scegliamo di pubblicare devono avere queste caratteristiche. È pur vero che negli ultimi anni si sta verificando anche la tendenza a creare contenuti di tipo personale, questo però viene segnalato dall'utente stesso che pubblica ed è comunque raro perché si può incorrere in giudizi negativi da parte degli altri utenti.

Quando creiamo un post su LinkedIn possiamo scegliere un contenuto solo testuale oppure includere un link, un'immagine o un video. I post pubblicati sono visualizzati all'interno della nostra pagina-profilo, sotto la sezione **"Attività"** (basta scorrere verso il basso), e possiamo anche ritrovarli nella barra di ricerca di LinkedIn.

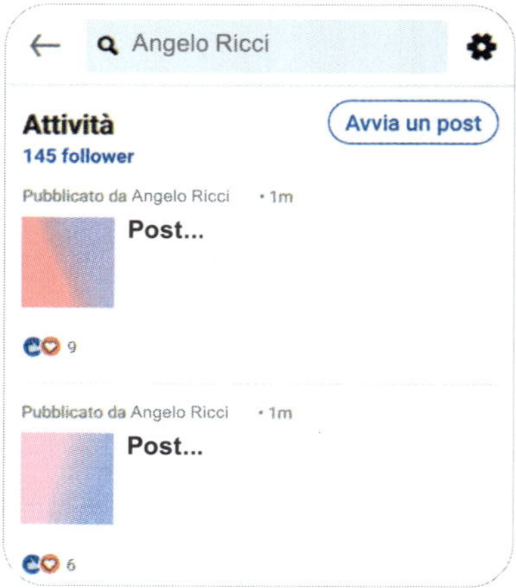

Ricorda: Utilizziamo questo social network per creare contenuti di qualità, in modo da far sentire la nostra opinione su determinate tematiche che ci stanno particolarmente a cuore e condividendo riflessioni che possano risultare interessanti per gli altri utenti.

Per scrivere un post apriamo l'app e clicchiamo sull'icona con il simbolo "+" e la scritta "Pubblica" nella barra in basso. Verrà aperta la pagina dedicata alla personalizzazione del contenuto e in automatico anche la finestra del "Menu" con alcune azioni suggerite; toccando lo schermo sopra alla scritta **"Di cosa vuoi parlare?"** il "Menu" lascerà posto alla tastiera (possiamo sempre riaprirlo toccando l'icona coi 3 pallini in basso). Possiamo quindi iniziare a scrivere il nostro testo, aggiungendo un documento oppure una foto, o registrando un video (icone in basso).

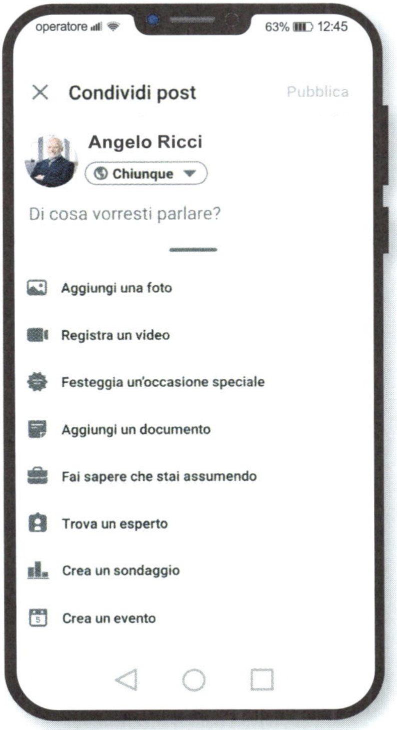

Prima di pubblicare possiamo scegliere dal "Menu" a tendina in alto chi potrà vedere il post ("Chiunque", "Solo i nostri collegamenti", "Solo i membri di uno dei gruppi di cui facciamo parte"). Poi clicchiamo su **"Pubblica"**, in alto a destra.

Tornando indietro prima pubblicare, possiamo **"Salvare"** il post e condividerlo in un secondo momento (li ritroveremo tornando sulla sezione "Pubblica") oppure **"Eliminare"** il contenuto.

Ricorda: I post già pubblicati si possono gestire dalla sezione "Attività" dentro il nostro "Profilo". Da qui, premendo il "Menu" (3 pallini) potremo, per esempio, modificare il contenuto o eliminarlo.

I tag e gli hashtag

Come gli altri social network, anche LinkedIn prevede la possibilità di inserire tag e hashtag nei post pubblicati. Quando decidiamo di scrivere un post possiamo quindi citare un altro utente, utilizzando il **tag** ovvero digitando il simbolo @ e il nome e cognome, e possiamo inserire parole chiave precedute da **hashtag**, cioè dal simbolo . Per esempio "#arte" fa aggregare tutti i post che parlano di musei, mostre, iniziative culturali...

Inserire gli hashtag su LinkedIn permette ai contenuti che pubblichiamo di essere letti da persone interessate a quello specifico argomento e che magari non sono tra i nostri contatti: possiamo così creare relazioni e avviare conversazioni.

Possiamo inoltre scegliere di **seguire un hashtag** in particolare, valutando il tema e i contenuti dei posi che lo contengono. Per farlo dobbiamo cercarlo su "Cerca", in alto sulla "Home": il social network ci mostrerà i post in cui compare e ci darà la possibilità di seguirlo cliccando su "Segui" (in alto).

Ricorda: Su LinkedIn per trovare tutti i post correlati a un determinato hashtag, al contrario di Facebook, Instagram o Twitter, non basta cliccarci sopra ma lo si deve inserire nel campo ricerche.

Notifiche

La voce “Notifiche” nella barra menù in basso indica i messaggi che LinkedIn invia relativamente a nuovi post di altri utenti, commenti a un nostro post, inviti, nuove posizioni professionali o anniversari lavorativi di altri utenti, visite al nostro profilo e altro ancora.

Cliccando sopra alla notifica verrà aperto il post o la notizia di riferimento.

Se abbiamo ricevuto nuove notifiche, sull’icona con la campanella comparirà un pallino rosso con un numero che indica il numero di notizie non ancora visionate.

*** Ricorda: Possiamo gestire le impostazioni relative alle notifiche, selezionando o deselezionando le categorie per le quali desideriamo riceverle, cliccando sulla nostra foto profilo nella in alto → “Impostazioni” → “Comunicazioni” → poi toccare su ciascuna delle seguenti voci “Su LinkedIn”, “Email”, “Push”, e verranno mostrati gli elenchi di tutte le possibili notifiche che possiamo attivare o disattivare.**

Offerte di lavoro

Nella barra in basso troviamo anche la sezione "Offerte di lavoro": qui LinkedIn ci suggerisce, in elenco, le proposte lavorative più in linea con il nostro profilo e le informazioni che abbiamo inserito.

Se clicchiamo su un'offerta possiamo leggere nel dettaglio la descrizione del lavoro, qual è l'azienda che lo propone e chi ha pubblicato l'annuncio. Possiamo scegliere se salvare l'offerta di lavoro per valutarla in un secondo tempo oppure possiamo candidarci subito selezionando l'opzione **"Candidatura"**.

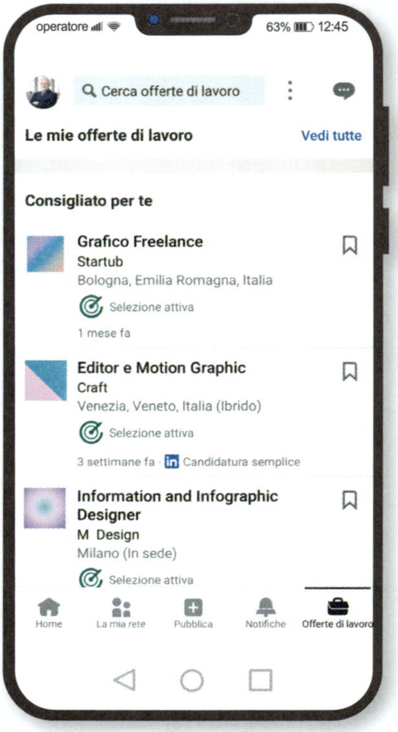

Allegare il curriculum

LinkedIn ci dà anche la possibilità di allegare il nostro curriculum vitae quando ci candidiamo per un'offerta di lavoro: se però inoltriamo la nostra candidatura senza allegare il CV non possiamo riaprirla per allegarlo né candidarci nuovamente per la stessa offerta di lavoro. Possiamo eventualmente contattare l'autore dell'annuncio tramite messaggio privato (InMail) per inviare il curriculum dopo aver inoltrato la candidatura.

Per gli amanti del computer

Al contrario degli altri social network che consentono l'utilizzo dell'account e di tutte le funzioni sia da cellulare che da computer, alcune funzioni di LinkedIn possono essere attivate solo da computer.

Per prima cosa, se decidiamo di creare il nostro account da computer, prima di salvare le informazioni che abbiamo inserito, LinkedIn ci chiederà se vogliamo **aggiornare anche la nostra versione in un'altra lingua**: se rispondiamo "Sì", verranno creati due profili con lo stesso URL, cioè lo stesso indirizzo web, che possiamo personalizzare con il nostro nome e cognome (per es. *https://www.linkedin.com/in/nomecognome* e *https://www.linkedin.com/in/nomecognome/en*). Possiamo ovviamente anche rispondere "No", in questo modo sarà creato solo un account in italiano.

Un'altra funzione che può essere molto utile, ma che LinkedIn consiglia di utilizzare da computer, è il **Quiz di valutazione delle competenze**. Si tratta di un test formato da 15 domande a scelta multipla per dimostrare le competenze che abbiamo aggiunto al nostro profilo. Le domande sono a tempo e devono essere completate in un'unica sessione. Se otteniamo un punteggio pari al 30% (determinato confrontando il nostro punteggio con un riferimento accuratamente calcolato), riceveremo un "badge di competenza" che potremo scegliere di rendere visibile, una sorta di report che attesterà che siamo altamente qualificati in quel settore. Se non otteniamo un "badge di competenza" per una determinata competenza, potremo ripetere il test ancora una volta entro sei mesi. Teniamo conto che, una volta eliminato, il report non può essere recuperato e non potremo rifare lo stesso test per tre mesi.

I miei account

I social network per essere utilizzati necessitano di un account con username, il nome che ci identifica, e password, una parola d'ordine che conosciamo solo noi per poter accedere al nostro profilo in sicurezza.

Scrivi qui le tue informazioni di accesso per non dimenticarle!

Finito di stampare nel mese di aprile 2022
presso **Media Key Editoriale**
www.mk-editoriale.eu